Zu diesem Buch

Wer den erfolgreichen Band «Mit Frau Meier in die Wüste» (rororo Nr. 907) gelesen hat, wird nicht daran zweifeln, daß er hier wieder eine Vergnügungsreise antritt. Für Manfred Schmidt ist es mehr ein Jagdausflug: Was er an Beute sucht und findet, sind die liebenswerten und komischen Schwächen seiner Mitmenschen, mögen sie von Delphi oder Monte Carlo, von Paris oder dem Strand des Schwarzen Meeres Besitz ergreifen. Aber der beliebte Zeichner, Feuilletonist und «Sachbearbeiter für groben Unfug» führt den Leser nicht nur zu den bekanntesten Reisezielen Europas, er läßt ihn auch an so exklusiven Veranstaltungen wie der Sitzung eines Geister-Clubs in London und den «Gesprächen für Wirtschaftsführungskräfte» teilnehmen, und überall entdeckt er so viel Unfug, daß sich daraus eine kesse Geschichte machen läßt.

Manfred Schmidt, geboren 1913, wuchs in Bremen auf, wo er auch das Abitur ablegte. Nach einem Jahr Kunstgewerbeschule versucht er in Berlin Filmregisseur zu werden. Als daraus nichts wird, findet er Arbeit als Karikaturist bei Ullstein (BZ, Berliner Morgenpost, Berliner Illustrirte). Im Krieg, aus dem er undekoriert zurückkehrt, bringt er es bis zum Obergefreiten. Nach dem Krieg zuerst in Rowohlts «Pinguin»-Redaktion, dann bei «Quick» sieben Jahre Nick Knatterton, danach Reisereporter. Er ist verheiratet, hat zwei Kinder, die Familie hat nichts zu lachen, denn – so wörtlich seine Frau –: «Humor haben wir nie im Hause, den müssen wir immer gleich verkaufen!» Publikationen: «Für die Nerven – Amsterdam», 1961; «Hab Sonne im Koffer», 1962; «... und begibt sich weiter fort», 1962; «12 mal hin und zurück», 1963; «Zwischen Dur und Müll», 1964; «Weiteres Heiteres», 1965, alle beim Stalling Verlag, Oldenburg.

Manfred Schmidt

Frau Meier reist weiter

Eine neue Auswahl verschmidtster Reportagen
mit 37 Illustrationen

rororo

Rowohlt

Die Erzählungen dieser Ausgabe wurden den im Stalling Verlag erschienenen Bänden «12 mal hin und zurück», «Hab Sonne im Koffer», «Weiteres Heiteres» und «. . . und begibt sich weiter fort» entnommen
Umschlagentwurf Werner Rebhuhn
unter Verwendung einer Zeichnung des Autors

1.– 40. Tausend	Oktober 1968
41.– 60. Tausend	Dezember 1968
61.– 80. Tausend	April 1969
81.–100. Tausend	September 1969
101.–125. Tausend	April 1970
126.–150. Tausend	Juli 1970
151.–190. Tausend	Juli 1971
191.–220. Tausend	April 1972
221.–245. Tausend	März 1973
246.–265. Tausend	Mai 1974
266.–285. Tausend	März 1975

Veröffentlicht im Rowohlt Taschenbuch Verlag GmbH, Reinbek bei Hamburg, Oktober 1968, mit freundlicher Genehmigung der Gerhard Stalling AG, Oldenburg
Gesetzt aus der Linotype-Aldus-Buchschrift und der Palatino (D. Stempel AG)
Gesamtherstellung Clausen & Bosse, Leck/Schleswig
Printed in Germany
380-ISBN 3 499 11081 4

Bei Müller, Kneipp und Bogomoletz

Alljährlich, wenn der Lenz ausbricht, spüren Männer zwischen vierzig und fünfzig die von der ärztlichen Wissenschaft so hintergründig als «Leistungsknick» bezeichneten Verschleiß-Erscheinungen besonders deutlich, ja oft sogar peinlich. Auch in mir erwachte anläßlich einer auffallend starken Frühlingsmüdigkeit der Wunsch nach durchgreifender Regeneration.

Seit die illustrierten Zeitschriften durch detaillierte Berichte aus dem Weltreich von Spritze und Skalpell dem aufgeschlossenen Leser eine medizinische Grundausbildung vermitteln, steckt in jedem Menschen ein Arzt, und der will heilen. Als ich im Freundeskreis von meinen Gesundheitssorgen sprach, wurden mir so viele grundverschiedene Kuren ans strapazierte Herz gelegt, daß ich mich zu einer informativen Wochenendrundreise an drei vielgerühmte, in den Methoden aber grundverschiedene Leistungsknickbeseitigungsstätten entschloß. Erst hinterher wollte ich meine Wahl treffen.

Erste Station: Wörishofen, Wirkungsort des biederen Pfarrers Sebastian Kneipp, des Mannes, der uns den Malzkaffee gab und die Wasserkur. Zwei Errungenschaften, die ich im gesunden Zustand jederzeit weit von mir gewiesen hätte.

Auf der Suche nach einer Kurz-Bleibe machte mich ein Schild stutzig, das an einem Privathaus hing:

Zimmer zu vermieten –
sämtliche Anwendungen!

Das war nicht etwa ein Beweis für die Großzügigkeit der Zimmerwirtin, sondern ein Hinweis auf im Hause vorhandene Kneippsche Begießungsmöglichkeiten. In der Wörishofener Kursprache heißen die Wassergüsse, die dem Gast nach einem ausgeklügelten System versetzt werden, «Anwendungen». (Als kältesten Guß empfinden angeblich manche Heilungsuchende die wöchentliche Kur-Rechnung.)

In einem Hotel, dessen Wahrzeichen eine große Gießkanne ist, nahm ich ein Zimmer mit sämtlichen Anwendungen. Auf die Bitte, mir schnellstens einige Probegüsse verabfolgen zu lassen, antwortete der Portier: «Das geht nicht. Jeder Guß muß von unserem Badearzt verordnet werden, und der ist leider krank.» Beides wunderte mich.

Mit der Begründung, ich sei ein dringender Fall, bat ich um die Adresse eines gesunden Arztes. Der Portier telefonierte herum, während Pfarrer Kneipp in Öl gemalt von der rechten Wand, in Gips geformt von der linken Wand und in Bronze gegossen von einem Podest wohlwollend auf mich heruntersah. Fast jeder Raum in Wörishofen ehrt so den Mann, der die Stadt finanziell gesund machte.

Auch der momentan gesunde Arzt, zu dem ich vermittelt wurde, saß unter einem großen Kneipp-Porträt. Deshalb war meine Frage, ob er mir zu einer Kneipp-Kur raten könne, rein rhetorisch. Er konnte es natürlich und schrieb mich k. v. (kneippverwendungsfähig). Auf einem Rezeptformular verordnete er für den nächsten Morgen einen Knieguß und eine Oberkörper-Frühabreibung. Das Rezept sollte ich vor dem Schlafengehen dem hoteleigenen Bademeister übergeben.

In der Abenddämmerung bummelte ich über die belebte Kurpromenade, die den für alle Heilungsuchenden unschätzbaren Vorteil hat, daß man an keinem Punkt weiter als eine halbe Minute von der nächsten Apotheke entfernt ist.

Überall kann man die zahlreichen Produkte der «Kneipp-Heilmittelwerke» kaufen, vom herzstärkenden Rosmarinwein über Haferstroh-Extrakt bis zu den Schlankheitspillen «Wörisetten» mit dem natürlichen Beschleunigungsfaktor.

Wie mir ein Apotheker verriet, gehen auch Nicht-Kneipp-Medikamente sehr gut. Am häufigsten werden Schlafmittel verlangt. Kneippkuren machen so munter, daß man oft etwas Beruhigendes braucht.

Im Zentrum der Kurpromenade steht auf einem Sockel die überlebensgroße Figur Kneipps. Sein Gesicht hat fast managerhafte Züge angenommen. Wohlgefällig ruht sein Auge auf den kreislaufgestörten Wirtschaftsführern und auf der Fassade der Sparkasse, die ihr Gebäude in rührender Dankbarkeit mit Fresken schmückte, die einen Kurgast beim Wassertreten und einen anderen beim Guß-Empfang zeigen.

In vielen Geschäften werden Kneipp-Sandalen feilgeboten, in einer Drogerie sogar mit beigelegter «Hornhautraspel». Für Leckermäuler gibt es Sandalen, deren Sohlen mit Pralinen gefüllt sind. Diese Sonderanfertigung wird allerdings nicht in den Schuhgeschäften verkauft, sondern in den Konditoreien. Die süßen Sohlen sind ein beliebtes Mitbringsel.

Nirgends in der Welt sah ich so viel Krankheitsliteratur wie in den Schaufenstern der Kurpromenaden-Buchhandlungen. Wunderhübsche Farbdarstellungen auf den Buchumschlägen zeigten aufgeschnittene menschliche Innereien und buntschillernde Kreisläufe. Wer bisher nicht recht glauben wollte, daß er krank war, wurde hier zum Wohl der Kurstadt eines Besseren belehrt.

Als mir beim Abendessen der Ober die Speisekarte überreichte, prüfte ich die Liste gewohnheitsmäßig auf etwaige Spezialitäten. Unter den Fleischspeisen entdeckte ich die Zeile: «Leber und Galle... DM 4,65». Diese interessante Zusammenstellung war mir völlig neu, ich bestellte sie. Was dann kam, enthielt weder Leber noch Galle. Es war nur die Diätkost für Leber- und Gallenleidende. Notgedrungen mußte ich das Bestellte verzehren.

Ich ging früh schlafen und löschte schnell das Licht, denn Tapeten, Vorhänge und Möbelstoffe des Kurhotelzimmers hatten alle das gleiche Muster: klassische Ruinen. Auf einen sensiblen, vom Leistungsknick betroffenen Gast dürfte der stete Anblick geborstener Säulen außerordentlich deprimierend wirken.

Um halb sechs Uhr morgens wurde ich aus dem tiefsten Schlaf hochgeschreckt. Durch die Tür kam eine lange weiße Gummischürze mit Füßen. Ich rieb mir die Augen, knipste das Licht an und sah den Bademeister mit einem Eimer Wasser auf mich zukommen. Mein freigemachter Oberkörper wurde rundherum mit eiskaltem Wasser benetzt. Dann durfte ich mich nicht etwa abtrocknen, sondern mußte naß zurück unter die Decke, mit klebendem Pyjama. Die weiße Schürze verschwand, nachdem sie mich aufgefordert hatte, in zwei Stunden zur Entgegennahme eines Kniegusses in den Baderäumen des Hauses zu erscheinen. Während dieser Zeit sah ich schlaflos der meiner Meinung nach unvermeidlichen Lungenentzündung ins Auge.

Am frühen Morgen herrschte im Hotel-Kurbad Hochbetrieb. Auf dem Gang vor den Kabinen saßen Männlein und Weiblein in Bademänteln, sprachen von Krankheiten und warteten auf die «Anwendungen».

Ich setzte mich dazu und hörte viel von gefährlichen Symptomen, die ich bei schärferem Nachdenken alle hatte.

Von den Behandlungsräumen waren wir durch eine mannshohe Kachelwand getrennt. Dahinter schien es hoch herzugehen. Im Rauschen, Sprudeln und Platschen gewaltiger Wassermassen gellte eine weibliche Kommandostimme: «Herr Regierungsrat, heute brauche ich Sie ganz ... Sie kriegen Unter- und Oberguß!» Und kurz darauf: «Herr Direktor, ein tiefgekühlter Blitz, und Sie erkennen Ihren Bauch nicht wieder!» Für einen Kneipp-Neuling waren die Sätze verwirrend, aber mein Nachbar klärte mich auf: Ein «Blitz» ist ein mit großem Druck aus einem Schlauch abgefeuerter Wasserstrahl, während ein «Guß» eine Berieselung bezeichnet.

Endlich wurde ich von einer rosagekleideten Walküre, die einen Wasserschlauch in der Hand hielt, hereingebeten. Mit dem Rücken zu ihr mußte ich mich auf einen Abfluß stellen. Innerlich bereitete ich mich auf einen eiskalten Wasserstrahl in die Kniegegend vor. Bei dieser seelischen Einstellung war es natürlich eine teuflische Überraschung, als mir die Dame hinterrücks mit einer brennenden Lötlampe von unten nach oben am Bein hochfuhr. So empfand ich jedenfalls aufschreiend und springend den heißen Wasserstrahl, der mir appliziert wurde. Sie machte dann dasselbe von vorn und schwor, das Wasser hätte eine

Das Wassertretbecken in der prunkvollen Halle eines Wörishofener Hotels ermöglicht den Menschen aus gehobenen Schichten, sich auch bei unwirtlichem und feuchtem Wetter in gepflegter Wohnraumbehaglichkeit nasse Füße zu holen. Wertvolle alte Truhen, barocke Kutschlampen und tropische Blattpflanzen schaffen die für eine Kur so wichtige kultivierte Atmosphäre.

Temperatur von 33 Grad, während ich auf mindestens 100 hätte schwören mögen. An den Beinen hatte ich jetzt ein Gefühl, wie es frischgekochte Hummer haben müssen.

Nach der Aufforderung, tief einzuatmen, erwartete ich weitere Verbrühungen. Aber nun prasselte aus demselben Schlauch ein dicker Strahl Eiswasser und vermittelte das Gefühl einer Vollamputation.

Nach diesem Thermal-Schock bat die Begießerin um meine Fußsohlen, die ich aus Angst vor einer kreislauffördernden Kitzel-Marter ungern hergab. Sie bekamen aber nur einen kalten Abschiedsguß.

Ich fragte das rosa Sprühteufelchen, wie viele verschiedene Gußarten es denn eigentlich gäbe. «Viel zuviel», sagte sie, «denn die Badeärzte denken sich immer neue aus, um in medizinische Fachzeitschriften zu kommen. Ich bin dagegen, weil so die Lehre Kneipps verwässert wird.» Rundherum rauschte das Wasser aus Schläuchen, Spritzdüsen, Kannen und Wannen.

Mit den Worten: «Das war eine Turnstunde fürs Herz!» wurde ich entlassen.

Nach der Herzturnstunde besuchte ich das Kneipp-Museum, wo die Originalgießkanne des Wasserpfarrers, sein Bierwärmer, seine Kaffeetasse und ein etwa fünfzehn Zentimeter langes, ausgefranstes Stück des von ihm benutzten Spritzschlauches unter Glas ausgestellt sind. Über diesen schönen Reliquien hängt das große Schild, das die ersten Patienten für die Pfarrhauswaschküche stifteten, wo die Wasserkuren ihren Anfang nahmen. Der rührende Text lautet:

Leb wohl, Du liebe, traute kleine Waschküche
hab Dank für alle Wohltaten, die wir in Dir genossen!

Damals wurde wohl noch nicht so heiß gegossen.

In der Nähe des Kurhauses hing ein Plakat, das ich wortwörtlich abgeschrieben habe:

Versäumen Sie nicht, während Ihres Kuraufenthaltes einen Besuch in meiner Sprechstunde. Diese Orientierung befriedigt Sie über Ihre Erwartungen hinaus. Ihre vererbten Krankheitsdispositionen, momentaner Zustand, persönliche Wesenslage, Geschäftliches, Aufstieg oder Abschwächung der wirtschaftlichen Position sowie nächstliegende Einzelheiten. *Frau A. Rudolf*

Eine so umfassende Diagnose kann einem kein Arzt bieten. Wie gerne hätte ich Frau Rudolf besucht, um meine persönliche Wesenslage kennenzulernen. Aber ich wollte ja an diesem kurzen Wochenende noch zwei weitere Kreislauf-Reparaturwerke besuchen und sagte Wörishofen Lebewohl. Vorher erkundigte ich mich noch bei einem Fachmann, ob man die so einfach anmutenden Begießungen nicht auch zu Hause vornehmen könne. Mir wurde dringend abgeraten, denn das sei außerordentlich gefahrvoll. Damit war wohl gemeint, daß eine um sich greifende Selbstbegießung den Kneipp-Kurorten sehr gefährlich werden könnte.

Zweite Station: das zwischen Garmisch und Mittenwald in tiefster Waldeinsamkeit liegende Schloß Elmau, wo laut Prospekt «das Zusammenspiel einer Reihe von Wirkkräften, wie Musik, Natur, Tanz, Gespräch und Stille, in unbewußter und absichtsloser Weise die Erholung erlaubt».

Durch Schloß Elmau weht heute noch der Geist Johannes Müllers, der diese so überaus angenehme Kurmethode zur inneren Gesundung begründete. Er sammelte um die Jahrhundertwende einen großen Freundeskreis zur «Pflege der Mitmenschlichkeit», was man heute wohl Kontaktarmutsbeseitigung nennen würde. Müllers immer wieder verkündeter Leitsatz «Trau dich, gib dich, freu dich!» läßt Auslegungen zu, die allen Wünschen gerecht werden.

Müller muß ein großer Könner gewesen sein. Brachte er es doch zuwege, daß ihm die innerlich verbundene Gräfin Waldersee zwischen 1914 und 1916 (!) das zweihundertzimmerige Schloß Elmau erbaute, damit er dort die Adepten seiner Lehren um sich versammeln konnte. Ziel der Zusammenkünfte war laut Müller die «Wiedergewinnung des Kindeswesens und damit der seelischen Gesundheit».

Das alles wußte ich aus dem Prospekt, in dem auch zu lesen stand, daß man in Elmau die «Möglichkeit zur Lösung der Ichverkrampfung und zur Pflege der menschlichen Anlage zum Füreinander» hat. Nur eine geistig besonders hochstehende Kundschaft versteht das zu goutieren.

Der mit Wagen der oberen Preisklassen vollbesetzte Parkplatz des Schlosses bewies, daß der Wunsch nach Wiedergewinnung des Kindeswesens bereit tief in die wirtschaftlich erfolgreichen Kreise eingedrungen ist. In der pompösen Halle sah ich allerdings viele Gäste, die dem Alter der natürlichen Wiederkindwerdung schon bedenklich nahe waren.

Vor der Bronzebüste des seehundsbärtigen Gründers empfing mich eine kleine, resolute Dame. Sie wies mir ein hochmodern eingerichtetes Zimmer mit einzigartigem Alpenblick zu und mich dann auf die Gepflogenheiten des Hauses hin. Obligatorisch ist: pünktliches Einnehmen des Platzes, den die täglich wechselnde Tischordnung vorschreibt. Der stetige Partnerwechsel beim Essen ist ein Vermächtnis Johannes Müllers, der auf diese Weise die mitmenschliche Atmosphäre fördern wollte.

Im riesigen Speisesaal saßen etwa zweihundert Gäste an Tischen zu jeweils vierzehn Personen. Durch den Raum schwebten und trippelten ein Dutzend knackfrischer, appetitlicher Mädchen zwischen achtzehn und zwanzig. Sie servierten den durchweg doppelt bis viermal so alten Menschen die Speisen. Um eine mitmenschliche Konversation in Gang zu bringen, fragte ich die neben mir sitzende Dame: «Können Sie mir sagen, was Johannes Müller eigentlich wollte?» Sie überlegte kurz und sagte: «Gott, der wollte seinen Spaß haben.» Und dann erfuhr ich, daß die jungen Mädchen sogenannte «Helferinnen» waren, Töchter aus gutem Hause, die hier als gleichberechtigte Gäste der Gemeinschaft dienen.

Man kann mit den (von der resoluten kleinen Dame übrigens streng bewachten) Helferinnen am Kamin plaudern, sie zum Tanz oder zu einem Ausflug bitten oder das hundert Meter vom Schloß befindliche Nachtlokal «Al Camino» aufsuchen und dort beim Kerzenschimmer flirten. Das Müllersche «Trau dich, gib dich, freu dich» (ich möchte es kurz müllern nennen) erschien mir nach diesen Informationen in einem kurpsychologisch denkbar günstigen Licht.

Die Mädchen genießen hier, so wurde mir versichert, eine Lebensschulung, wie sie kein Elternhaus bieten kann. Unter den vielen überreifen Gästen befinden sich immer einige Kenner im besten Alter, die den heranwachsenden Damen wertvolle Kenntnisse vermitteln, sei es im Gespräch, sei es bei kleinen Vergnügungen. Die Helferinnen sind kein Personal, sondern Mitmenschen im besten Müllerschen Sinne. Auch diejenigen Gäste, denen das Müllern nicht unbedingtes Anliegen ist, finden Gefallen an dieser charmanten Form des Service, denn man darf den jungen Damen keine Trinkgelder geben. Alle Bestellungen gehen bargeldlos vor sich. Man unterschreibt kleine Bons, die einmal wöchentlich im Büro aufgerechnet werden.

Nach dem Abendessen ging ich in den Kaminsaal, wo auf einem großen Tisch etwas Lektüre ausgelegt war. Außer Sammelmappen der «Briefe für den Elmauer Freundeskreis» gab es dort einige Exemplare der Zeitschriften «Antriebstechnik», «Fördern und Heben», «Kunststoff und Gummi» sowie «Auszüge der Bundesbank». Nur durch Gedankenakrobatik kann man diese Fachblätter mit dem Müllern in Verbindung bringen.

Ich verzichtete auf die Lektüre und ging in den pompösen Festsaal, wo gerade einer der berühmten Elmauer Tanzabende stattfand.

Auf einer Tanzfläche, die für tausend Tänzer gereicht hätte, bewegten sich an die vierzig Paare. Sie tanzten Quadrille, Française, Galopp und Walzer. Alle anderen Tänze sind verpönt. Auch das ist ein Vermächtnis Johannes Müllers, der den Tanz als wichtigstes Kurmittel bezeichnete. In einer seiner Schriften heißt es: «Beim Tanz treten die Rhythmen von Herz, Atmung, Musik und der Partner in eine geheimnisvolle Wechselwirkung.»

Leider klang die Musik mehr nach Gymnastikstunde als nach festlichem Ball, denn sie wurde von einem pathetisch zuschlagenden Pianisten ganz allein bestritten. Auch muß ich gestehen, daß der optische Eindruck etwas deprimierend war. Der Müllerschen Tradition folgend, trugen Damen und Herren Turnschuhe. Aber das war noch nicht das schlimmste, denn als Ballkleidung ist für die Damen großes, wallendes Abendkleid, für die Herren aber dunkle Hose und offenes weißes Hemd ohne Jacke vorgeschrieben. Es sah aus, als ob ein Kegelklub in einen feudalen Debütantinnenball eingebrochen war.

Als ich am nächsten Morgen mein Zimmer verließ, hingen an allen Türklinken der Gästezimmer buntverschnürte Pralinenpackungen, Pikkolo-Sektflaschen und Bücher. Nur an meiner Klinke hing nichts. Ich fühlte mich aus dem Schloßfamilienschoß ausgestoßen. Da erklang im Treppenhaus ein Chorgesang von engelreinen Mädchenstimmen: «Von den blauen Hügeln – reitet Gefahr ins Land!» Es waren die schönen Müllerinnen, die ihre Gästefamilie am Sonntagmorgen auf so hübsche Art weckten. Dann sammelten sie die Päckchen ein, die jeder Gast am Wochenende als kleine Aufmerksamkeit für die Helferinnen an seine Türklinke hängt. Als ich mich nach eintägigem Aufenthalt verabschiedete, sagte man mir: «Das Fluidum von Elmau können Sie nach einem einzigen Tag niemals verspüren, dazu muß man mindestens zwei Wochen hier verbringen.»

Trotzdem wage ich, das Fluidum folgendermaßen zu definieren: Es ist eine Mischung aus liebenswürdiger, antiquierter Betulichkeit, knisterndem Helferinnen-Appeal und geschickter kommerzieller Nutzung der einmalig schönen Lage, das Ganze gewürzt durch das mitmenschlich-müllersche «Trau dich, gib dich, freu dich» und umweht von einem säuerlichen Dunst abgestandener Jugendbewegung.

Die dritte Station meiner Wochenendrundreise lag an einem der vielen oberbayerischen Seen, die bei aller landschaftlichen Verschiedenheit eines gemeinsam haben: die an ihren Ufern blühenden Sanatorien für Frischzellentherapie. Diese Behandlungsmethode erlaubt den Ärzten, was ihnen sonst streng verboten ist: zu inserieren. Ich fuhr an einen Ort, dessen Namen ich aus rein persönlichen Gründen nicht nennen möchte und wo der Arzt (laut Inserat «nach Bogomoletz und anderen») regenerationsbedürftigen Menschen wohlgezielte Spritzen mit tierischen Säften in die bereitwillig und hoffnungsfreudig hingehaltenen Sitzfleischmuskeln stößt. Eine Beschäftigung, die nicht so lustig ist, wie mancher Laie glauben mag.

In einem solchen Sanatorium kann man sich natürlich nicht für einen einzigen Tag einmieten. Deshalb besuchte ich die nächst gelegene bäuerliche Gastwirtschaft. (Es ist eine bekannte Tatsache, daß Restaurants in der Nähe von Diätkost-Sanatorien besonders gut florieren.)

In der verqualmten Gaststube traf ich mehrere «Bogomoletzer». Sie alle sangen Lobeshymnen auf die von rückwärts zugeführte neue Spannkraft. Die Geschichten, die mir von einigen Herren hinter vorgehaltener Hand über die erstaunlichen Wirkungen erzählt wurden, waren sehr überzeugend. Ich hörte, genau wie an den vorher besuchten Orten, nur Gutes über die Kur.

Welche von den drei Möglichkeiten sollte ich nun wählen, das Kneippen, das Müllern oder das Bogomoletzen? Das Müllern in Elmau war mir am sympathischsten, aber das Kneippen und Bogomoletzen schien medizinisch gründlicher, wenn auch ungemütlicher zu sein.

Nach langem Überlegen habe ich mich zu einem Kompromiß entschlossen: Ich fuhr nach Paris.

Der schönste Bauch der Welt

Der französische Dichter Émile Zola, der seit über fünfzig Jahren verstorben und deshalb als tantiemenfreier Filmautor besonders beliebt ist, nannte in einem berühmten Buch die Pariser Markthallen den «Bauch von Paris.»

Es gibt viele ernst zu nehmende Leute, zu denen auch ich mich rechne, die diesen Bauch für den schönsten der Welt halten. Und das will, besonders in Paris, etwas heißen.

Besagter Bauch bringt den Pariser Verkehr alltäglich für mehrere Stunden zum Erliegen, denn er liegt genau im Zentrum, eingebettet in ein Gewirr enger Gäßchen, deren Breite dank der vorausschauenden Planung mittelalterlicher Städtebauer in vielen Fällen genau der höchstzulässigen Breite moderner Lastwagen entspricht.

Die Markthallen haben, wahrscheinlich als einzige der Welt, keinen Bahnanschluß. Alles, was in Paris und den umliegenden Provinzen gegessen wird, muß mit Lastwagen hierher gekarrt werden. Statt des Bahnanschlusses haben aber die *«Halles»* etwas viel Schöneres: Einen Kranz kleiner Kneipen und Restaurants, die direkt an der Quelle sitzen. Hier ist das Fleisch stark, und auch das will, gerade in Paris, etwas heißen. Die Filetsteaks, die hier serviert werden, wiegen selten weniger als ein halbes Pfund.

Seit Jahrzehnten plante jede französische Regierung, die Hallen abzureißen und an den Stadtrand zu verlegen. Niemand nahm diese Pläne ernst. Aber dann kam de Gaulle. Die begründete Sorge, daß der General die Markthallen dem Erdboden gleichmachte, ließ mich eine ganze Nacht nicht schlafen, die ich mir ebendort um die Ohren schlug.

Der Bauch von Paris erblüht, wie so mancher andere auch, erst nach Mitternacht zu seiner vollen Schönheit. In den frühen Morgenstunden, so zwischen drei und fünf Uhr, wird rund um die Kirche zum heiligen Eustachius die klassenlose Gesellschaft Wirklichkeit, allerdings nicht ganz im Sinne des Erfinders Karl Marx.

Ich hatte das große Glück, um drei Uhr morgens den letzten freien Platz vor einem berühmten Restaurant gegenüber den Fleischhallen zu erwischen. Hier aßen nebeneinander Minister im Frack, Lastträger in blutbespritzten Kitteln, Filmstars in großer Abendaufmachung und Marktfrauen mit Schürze. Dazwischen Künstler und Intellektuelle, wobei ich aber darauf hinweisen möchte, daß «Intellektueller» in Frankreich kein Schimpfwort ist. Sie alle aßen nach durchwachter Nacht oder um sich für den kommenden Tag zu stärken Kräftigendes vom Schwein. Ich bin fast versucht, in den Ton eines Metzgerinnungsvorsitzenden

Morgens zwischen drei und fünf Uhr an den Markthallen von Paris: Die «klassenlose Gesellschaft» wird hier jede Nacht für zwei Stunden Wirklichkeit. Man sieht einen Millionär im Frack einem zerlumpten Clochard höflich Feuer für die soeben geschnorrte Zigarette geben, einen Lastträger einem Filmstar

eine Rose ins Haar stecken und viele Künstler – zum Beispiel einen ambulanten Porträtisten oder einen Bergziegendompteur – die am Straßenrand speisenden Gäste unterhalten.

zu verfallen und von der völkerverbindenen, alle Klassen überbrükkenden Kraft des Schweines zu sprechen.

Die Kellnerin empfahl mir als besondere Spezialität *«Les filets du général Rapp»*, also die Filets des Generals Rapp.

Die Gute konnte nicht ahnen, daß ich jahrelang alle hohen Offiziere gefressen hatte und das ordinärste Stück Schwein jedem Generalsfilet vorziehe.

Die Proszeniumslogen sämtlicher Theater der Erde würde ich nicht eintauschen gegen ein Plätzchen an den frühmorgendlichen Markthallen von Paris. Was hier an kostenloser Unterhaltung geboten wird, davon können sich alle Fernseh-Programmgestalter eine Scheibe abschneiden. Kaum saß ich, kam bereits ein junger Mann mit Baskenmütze und Samtjacke an den Tisch und betrachtete mich mit unverhohlener Bewunderung. Er griff mir mit der Hand unter das Kinn, drehte meinen Kopf liebevoll zur Seite und erging sich in begeisterten Ausdrükken über die ebenmäßigen Züge, das klassische Profil und die geistvolle Nase. (Er sagte *«nez spirituel»*, was nichts mit Alkohol zu tun hat.) Auch wenn man das alles selber weiß, freut es einen doch aus fremdem, unvoreingenommenem Mund. Dann zog der junge Mann hinter seinem Rücken einen Zeichenblock hervor und wollte mich für fünf Mark porträtieren. Es war ein Kollege, der sein Gewerbe ebenfalls ambulant ausübte. Als ich das Porträt ablehnte, bot er mir eine Karikatur desselben Themas an. Das wollte ich noch weniger. Darauf entdeckte er am Nebentisch einen viel charaktervolleren Kopf.

Kaum war der Porträtist abgetreten, da faßte von hinten ein schmuckbehängter, schöngebräunter Mädchenarm zärtlich meine Hand: Eine Zigeunerin wollte die Zukunft aus ihr lesen. Die Zukunft glaube ich aber zu kennen, da ich unsere Politiker kenne. Deshalb lehnte ich das Angebot erschreckt ab. Darauf ließ die Zigeunerin meine Hand los und hielt ihre offene Hand hin, aus deren Linien deutlich der Wunsch nach etwas Geld abzulesen war.

Inzwischen hatte ein altes Männchen vor den Restauranttischen eine Leiter aufgebaut und führte eine dressierte Bergziege vor. Untermalt von gedämpftem Trommelwirbel, der dem Auftritt den Anschein einer Todesnummer im Zirkus gab, folgte die Bergziege ihrem Naturinstinkt und kletterte die Leiter hoch. Oben angekommen, hatte sie einen herrlichen Ausblick auf wohlgefüllte Fleischschüsseln und die ebensolchen freitragenden Dekolletés der Abendroben. Das ließ die Ziege wahrscheinlich das Heimweh nach ihrer angestammten Bergwelt vergessen.

Meckernd trat sie ab, ein Händler mit Kugelschreiber trat laut schreiend auf. Er zeigte den Gästen ein weißes Stück Papier, hielt es hoch: Es war wirklich nichts drauf. Dann nahm er einen Kugelschreiber, führte ihn über das Papier und – man wird es mir kaum glauben – ein deutlicher Strich war zu sehen. Einen besseren Qualitätsbeweis konnte es kaum geben. An den Pariser Markthallen kann der beste Werbefachmann noch etwas lernen.

Das bewies auch die überdimensionale Endfünfzigerin, die plötzlich am Tisch stand, mit dem Finger auf mich wies und mit vor Freude sich fast überschlagender Stimme allen Umsitzenden mitteilte: *«Voici le gagnant! Voici le gagnant!»* Auf Deutsch: «Da sitzt der Gewinner!» Ich begriff erst, worum es sich handelte, als sie mir ein Los der Nationallotterie anbot. Als ich keins nahm, entdeckte sie den Gewinner des Großen Loses am Nebentisch.

Ein Auftritt löste den anderen ab. Da kam ein versonnen lächelnder Japaner, der aus Papierservietten blühende Rosen und aus Trinkhalmen kleine Pferdchen machte. Arabische Brieftaschenhändler, Gitarrenspieler von den Karibischen Inseln und Blumenfrauen von der Seine sorgten für pausenlose Unterhaltung.

Inmitten dieses Durcheinanders verrichteten die *Forts des Halles,* die starken Männer der Hallen, ihre Arbeit. Sie werfen sich ein ganzes Schwein oder einen halben Ochsen über die Schultern wie unsereins einen Schal. Diese Athleten sind eine angesehene Gilde und feiern alljährlich gemeinsam mit den Starken im Geiste, nämlich den Pariser Philosophiestudenten, ein großes Fest.

Am Nebentisch saßen zwei gewählt gekleidete Jünglinge, die ein sehr inniges Gefühl miteinander zu verbinden schien. Sie lächelten einander glücklich zu und hielten sich gegenseitig die gepflegten Händchen. Ein Lastträger mit blutbespritztem Kittel schlug dem einen seine Pranke auf die Schulter und sagte dröhnend: «Nun eßt mal tüchtig, vielleicht werdet ihr *doch* noch Männer!»

Hinter mir rief ein deutscher Tourist der vorbeieilenden Kellnerin nach: «Wo bleibt mein Steak? Saustall!» Die Kellnerin drehte sich kurz um und rief: *«Ça marche!»* Das wird im Französischen *«Sssamarsch»* ausgesprochen. Empört stand der des Französischen nicht mächtige Herr auf und ging. Ich habe ihn nicht zurückgehalten, obgleich ich weiß, daß *«ça marche»* soviel heißt wie «Es ist unterwegs!»

Gegen halb sechs Uhr früh machte ich mich in seelisch ausgeglichenem Zustand auf den Weg zu meinem Auto, das ich in einer Seitenstraße geparkt hatte. Die Gasse war zu regem Leben erwacht, mein Wagen hatte sich in einen Gemüsestand verwandelt. Auf dem Dach standen Obstkisten, über der Motorhaube lagen Knoblauch- und Zwiebelkränze, auf der vorderen Stoßstange handelte ein Wüstensohn mit Zitronen, während die hintere Stoßstange und der Kofferraumdeckel eine reichhaltige Auswahl an Suppengrün darboten. Um den liebenswerten Handeltreibenden Zeit zu geben, in Ruhe ihre Geschäfte abzuwickeln, ging ich noch ein Stündchen um die Hallen herum spazieren.

Der Spaziergang erforderte Geistesgegenwart und festes Auftreten. In den etwa dreißig Zentimeter breiten Hohlwegen, die zwischen Last-

Die großen Abflußlöcher unter dem Rinnstein, durch die am Morgen die Wassermassen der Straßenreinigung gurgelnd in die Unterwelt stürzen, sind eine Gefahrenquelle für alle schlanken Markthallenbesucher. Laut Statistik verschwinden in Paris alljährlich über tausend Menschen. Die Theorie, daß sie vor so einem Abflußloch ausrutschten und mit in die Tiefe gerissen wurden, ist nicht von der Hand zu weisen.

wagen und aufgestapelten Kisten dem Verkehr dienten, mußte ich durch die Luft sausenden Gemüsekörben und zentnerschweren Käserädern ausweichen, dabei aber die Füße auf dem durch Gemüseabfälle sehr rutschigen Boden fest aufsetzen.

Ich kam zur «Place des Innocents», also dem Platz der Unschuldigen, dessen Name in krassem Widerspruch stand zu den flanierenden Damen, die nicht mit Gemüse handelten. Ihr Aussehen stand in ebenfalls krassem Widerspruch zu dem, was uns geschäftstüchtige Sittenfilmproduzenten als Pariser Nachtleben vorzuspiegeln pflegen.

Etwas weiter liegt der «Platz des Sankt Opportun», eines Heiligen, der bei uns ziemlich unbekannt ist, obgleich er doch eigentlich unser Nationalheiliger sein müßte.

Während der Morgen graute, trank ich in knallvollen Kneipen mehrere Gläschen. Wer den französischen Kaffee kennt, weiß, weshalb viele Franzosen den Tag lieber mit einem Glas Wein beginnen.

Im berühmten «Pied de cochon», dessen Wahrzeichen ein fröhliches Schwein mit einem Holzbein ist, habe ich dann noch einen gebackenen Schweinefuß gefrühstückt. Mein Kollege Loriot (der übrigens gar nicht so heißt, sondern nur so tut) behauptet, er (der Schweinefuß) schmecke wie Tischlerleim. Dem möchte ich widersprechen. Man muß nur genügend scharfen Senf oder Béarnaise-Sauce drauftun.

Ich verließ das Markthallengebiet, als die Herren von der Straßenreinigung alle Hydranten aufdrehten, um die Abfälle in die großen Abflußlöcher zu schwemmen, die sich überall unter den Rinnsteinkanten befinden. Für schlanke Menschen bedeutet hier ein Ausgleiten den sicheren Tod in der Kanalisation. Als ich in der Morgenzeitung las, daß alltäglich in Paris viele Menschen spurlos verschwinden, schien meine Theorie bestätigt. Der Zufall wollte, daß ich an einem Gebäude vorbeikam mit der Aufschrift: «Verwaltung der städtischen Kanäle und Abflüsse». Vor dem Eingang drängten sich viele Menschen um das Schild «14 Uhr Besichtigung der Katakomben!»

Ich schloß mich an, um nach dem Bauch von Paris nun auch die zugehörigen Eingeweide zu besichtigen. Für 25 Pfennig bekam ich eine Kerze und den Hinweis, in den unterirdischen Gängen stets dem schwarzen Strich zu folgen, der mit breitem Pinsel an der Decke entlanggezogen wurde. Wer hätte geglaubt, daß man in Paris sogar einem unterirdischen Strich nachgehen kann?

Eine spärlich beleuchtete Wendeltreppe führte etwa zwanzig Meter tief in die Unterwelt. Als ich eine Viertelstunde lang durch die engen Gänge gewandert war, fiel der Schein meiner Kerze auf ein Schild mit der Aufschrift: «Hier beginnt das Reich der Toten!» Ich hielt das zunächst für einen kleinen Scherz der Kanalräumer, wurde aber bald eines Besseren belehrt: Der Gang verbreiterte sich zu aus dem Stein gehauenen Kellergewölben. An allen Wänden war sauber und gleichmäßig Brennholz aufgeschichtet, das sich aber bei näherem Hinsehen als gestapelte Hüftknochen entpuppte. Hier unten liegen die Knochen von sechs Millionen Parisern. Der Laie macht sich kaum eine Vorstellung davon, was für hübsche Dekorationseffekte man mit Knochen erzielen kann. In immer neuen und wechselvollen Mustern hatten geschickte Hände in die Hüftknochenstapel Totenschädel hineingearbeitet, man möchte fast sagen «hineingeflochten».

Während mir das heiße Wachs der Kerze pausenlos auf die Finger tropfte, hatte ich nur einen Gedanken: Ich will hier raus. Kein vernünftiger Mensch fährt nach Paris, um sich gestapelte Hüftknochen anzusehen. Die Knochenwände schienen kein Ende zu nehmen. Plötzlich leuchtete mir aus einem Totenschädel ein blitzendes Auge entgegen. Bei näherem Hinsehen war es eine ausgebrannte Blitzlichtbirne, die ein Knipsamateur dort abgelegt hatte.

Sehr zahlreich waren hier unten ältere Engländerinnen vertreten, die ja einen sehr ausgeprägten Sinn für das Makabre und für schöne Handarbeiten haben. Beides konnten sie hier finden. An einem Schä-

«Look, how nice – sieh mal, wie hübsch!» Das hört man immer wieder von entzückten älteren Engländerinnen, die sich an den kunstvoll in vielen verschiedenen Mustern geschichteten Gebeinen erfreuen. Sechs Millionen Pariser längst vergangener Jahrhunderte liegen liebevoll gestapelt in den Katabomben.

delstapel steckte eine Tochter Albions ihren Zeigefinger in ein Loch, das sie in einem Totenkopf entdeckt hatte. Es entwickelte sich ein langes, mit großer Fachkenntnis geführtes Streitgespräch, ob es sich um einen Einschuß oder eine Schlagverletzung handelte.

In regelmäßigen Abständen hingen an den Wänden Dichterworte, die in immer neuen Varianten auf die Vergänglichkeit alles Irdischen hinwiesen. Das war hier unten nun wirklich überflüssig.

Eine gute halbe Stunde dauerte der Marsch durch die Knochengewölbe. Dann ging es wieder eine steile Wendeltreppe hinauf. Ich hielt meine brennende Kerze sehr vorsichtig, denn vor mir stieg eine hübsche Schwedin hoch. Den naheliegenden Gedanken, daß ihre Hüftknochen sich in nichts von den eben gesehenen unterschieden, schob ich schnell beiseite.

In einem ganz anderen Stadtviertel kamen wir wieder ans Tageslicht. Duftige Kleidchen wehten über den Boulevard. Zwei Amerikaner, die mit mir aus den Katakomben herauskamen, hatten sich die vielen dort unten empfangenen Hinweise auf die bedauerliche Kürze des Lebens so zu Herzen genommen, daß sie eine Taxe herbeiwinkten, hineinsprangen und dem Chauffeur nur das eine Wort zuriefen: «PIGALLE!»

Die Place Pigalle hat als Lebensfreudenviertel einen Ruf wie Donnerhall. Doch das ist ein Kapitel für sich.

Wenn Sie diesen Bericht lesen, hat der General de Gaulle längst ernst gemacht: Die Markthallen sind weg. Und jeder, der sich dort niemals eine Nacht um die Ohren schlug, hat unendlich viel verpaßt.

Der Brieftaschen-Tango von Pigalle

An der Place Pigalle, wo die vierstöckigen Lichtkaskaden flimmern und viele tausend bunte Neonröhren sinnlich zucken, liegen dicht an dicht Nackedei-Cabarets, diskrete Bars, noch diskretere Hotels und einige hellerleuchtete Nachtdienst-Apotheken in logischer und sich sinnvoll ergänzender Nachbarschaft nebeneinander. Wer in diesen Nachtlebens-Kreislauf hineingerät, muß mit beträchtlichen Ausgaben rechnen. Wer sich aber auf den Besuch jener Bistro genannten Kneipen beschränkt, wo der kleine Beaujolais an der Theke 50 Pfennig kostet, kann für ein paar Mark eine Unmenge echter Pigalle-Atmosphäre mitbekommen. Grundregel für so einen billigen Bummel: Niemals eine Bar betreten, die Gardinen vor den Scheiben oder einen Portier vor der Tür hat. Diese Regel wird immer wieder durch das Ausnehmen von Gästen bestätigt.

Drei Wochen lang habe ich in einem kleinen, sehr verkehrsgünstigen Hotel in der Nähe der Place Pigalle gewohnt und allnächtlich mehrstündige Rundgänge durch dieses in der Welt einzigartige Sexbedarfsdeckungs-Viertel gemacht. Die billigen Stamm-Bistros, wo mich die Wirte bereits nach einer Woche mit Handschlag begrüßten, lagen an dem Lust-Dreieck Rue Pigalle–Rue Douai-Rue Fontaine. Es waren die Kneipen, in denen um Mitternacht die in der Fremdenbetreuung tätigen Kleingewerbetreibenden jeden, aber auch jeden Geschlechts eine kleine Stärkung zu sich nehmen, Erfahrungen austauschen oder Beziehungen anknüpfen.

Da kauten in den Show-Pausen die Tänzerinnen vom Nachtclub nebenan ein Sandwich, unter dem schlichten Regenmantel nur mit etwas Puder und dem polizeilich vorgeschriebenen «Schrittband» bekleidet. Sie sprachen von den Fortschritten ihrer Kinder in der Schule und den steigenden Preisen. Da tranken die Anreißer mit dem goldenen Band um die Mütze und den Adressen für alle Ansprüche im Kopf ihren Kaffee. Und da kontrollierten Clochards, Kellner, Blumenfrauen und Zuhälter an einem antiken Morse-Ticker die Ergebnisse der Pferderennen von Auteuil oder Longchamps. Und auch die Pferdchen, die manche der anwesenden Herren in unmittelbarer Nähe laufen ließen, kamen hin und wieder auf ein Gläschen herein und brachten oft eine sehr gute Quote.

In einem solchen Bistro gewann ich eines Nachts einen tieferen Einblick in die nicht immer ganz reibungslose Maschinerie des im allgemeinen perfekt durchorganisierten Nachtlebens.

Friedlich an die Theke gelehnt und meinen «Petit Rouge» schlürfend, wurde ich Zeuge einer heftigen Auseinandersetzung zwischen zwei sehr kriminell aussehenden Herren, die sich den Besitz einer danebenstehenden, äußerst farbenprächtigen Blume der Gosse streitig machten, wobei aber das «Besitzen» nicht in unserem landläufigen Sinne, sondern als Inkassoberechtigung zu verstehen ist.

Plötzlich haute der Kleinere von den beiden der Strichbezieherin eine herunter, daß ihre Perücke verrutschte und die falschen Wimpern davonflogen. Dafür kassierte er von dem Größeren einen ungenau ankommenden Kinnhaken, der mit einem Tiefschlag in die erogene Zone heimgezahlt wurde. Als dem Kleinen mit einem Fausthieb das linke Auge geschlossen wurde, ging durch den Rückstoß mein Rotwein zu Boden.

Einige harmlose Touristen verließen fluchtartig das Lokal, das so hart umkämpfte Mädchen lief kreischend zum Telefon, der Wirt stellte sich schützend vor die auf der Theke stehende Kristallvase mit Gladiolen und bat die Herren in aller Form, ihre Unstimmigkeiten draußen auf der Straße zu bereinigen.

Das taten sie und droschen vor der Tür weiter aufeinander los. Während sie sich am Boden wälzten, rollte eine schwere Limousine heran, zwei bullige Herren in tadellosen Maßanzügen sprangen heraus, trennten die Streithähne und führten sie ab. Den einen in die Limousine, den anderen in ein Taxi. «Die werden was erleben!» sagte der Wirt, als er mir einen neuen Beaujolais einschenkte. Und erzählte, daß die mit der Unterwelt stark verfilzte Vergnügungsindustrie eine Art eigene Polizei hat, die strikt dafür sorgt, daß die geldbringenden Fremden nicht durch Keilereien erschreckt und vom Konsum abgehalten werden. Zu eben dieser Privatpolizei gehörten die zwei Herren mit der schweren Limousine.

Einen von ihnen traf ich eine Stunde später in meinem nächsten Stammlokal wieder, dem «Sanssouci» an der Ecke der Rue Pigalle und Rue Douai. Er schob sich an mich heran und fragte: «Suchen Sie jemanden Bestimmtes?» Das mußte ich verneinen. Und dann kam heraus, daß der Mann mich für einen deutschen Kriminaler hielt, der hier nach jemandem fahndete. Anders konnte er sich nicht erklären, daß ich seit zwei Wochen jede Nacht dieselben Kneipen besuchte und an der Theke stehend stundenlang das Treiben um mich herum scharf beobachtete. Ein echter Tourist kommt im allgemeinen nur einmal.

Ich konnte meinem Theken-Nachbarn nicht ausreden, daß ich ein *commissaire allemand* sei. Er bestand darauf: «Sie haben den typischen Kriminalerblick – und auch den Gang!» Die zehn mit Knatterton verbrachten Lebensjahre haben mich wohl gezeichnet.

«Wenn Sie irgendeinen entwischten deutschen Kriminellen suchen, kann ich Ihnen vielleicht helfen», sagte mein neuer Freund, «wir wollen Pigalle sauberhalten, damit die Fremden sich ungestört vergnügen können. Gegen seinen ausdrücklichen Willen wird hier keinem Touristen ein Haar gekrümmt!»

Das beruhigte mich außerordentlich.

Zum Abschied drückte mir das die Unterwelt überwachende Unterweltmitglied die Hand, daß die Knochen knürpsten: «Wenn Sie mich mal brauchen sollten: Eine Stunde nach Mitternacht bin ich immer hier zu treffen!»

Froh über die nützliche Verbindung zum «Milieu», brummelte ich die Rue Victor Massé entlang.

Ein Türsteher mit goldgeränderter Mütze pries mir die angeblich einzigartigen Schau-Nummern an, die sein «Cabaret» zu bieten hatte. Aus nacktem Geiz lehnte ich ab und ging weiter. Da rief der Anreißer mir nach: «Sie werden es bereuen!»

Wie recht er haben sollte! Als ich um die Ecke ging, kamen singend und tanzend drei gutgekleidete, dunkelhäutige Herren die Straße entlang. Sie swingten im Ringelreihen um eine Laterne herum und waren von überschäumender Fröhlichkeit. Handelte es sich etwa um eine innerafrikanische Delegation, die einen Entwicklungshilfe-Abschluß begossen hatte? Bald sollte ich Genaueres wissen.

Die fröhlichen Bummler stimmten ein Tangolied an und tanzten in Dreierreihe auf mich zu, umringten mich, einer umfaßte meine Taille und nötigte mir einen heißen Tangoschritt auf, einen einzigen – aber der hatte es in sich. Mein momentaner Tanzpartner wurde von seinen Kumpanen weggezogen, wobei sie sich mit ausgesuchter Höflichkeit für die Entgleisung ihres Kameraden entschuldigten.

Ich sagte etwas geniert: «Keine Ursache, meine Herren!» denn nichts sehe ich lieber als fröhliche Menschen. Doch da merkte ich, daß meine Brieftasche mit ziemlich viel Geld weg war. Die dunklen Gestalten waren nur wenige Meter entfernt und schalteten von Tanzschritt auf Laufschritt.

Ich hätte hinterherrennen können und dann mit ziemlicher Wahrscheinlichkeit eines über den Schädel bekommen. Mein Kopf ist mir aber mehr wert als jede noch so volle Brieftasche, was die Leser hoffentlich nicht als Arroganz auslegen werden.

Außer dem Geld waren auch noch mein Paß und alle Papiere weg.

Ich ging zurück zur Ecke, wo der Cabaret-Anreißer stand, und fragte nach dem nächsten Polizisten. Er zeigte mit dem Finger nach oben: «Die sitzen irgendwo hinter den Fenstern – hinter welchen, weiß keiner – und beobachten die Straße. Hier unten fährt die Polizei nur in Salatkörben durch!» (Die vergitterten Mannschaftswagen der Polizei heißen in Paris sehr sinnig *panier au salade.*) Den angeblich hinter den Gardinen stehenden Polizisten erschien mein Fall wohl nicht wichtig genug, keiner kam herunter.

Der Türsteher sagte noch: «Jetzt hat man Ihnen das Geld mit Ge-

Der Brieftaschen-Tango *Ouvertüre: Molto allegro*

Furioso: Con amore

Finale: Molto desperato

walt abgenommen – hier drinnen hätte man es mit Liebe gemacht. Kein Vergleich, sage ich Ihnen!»

Das glaubte ich ihm unbesehen.

Weil im ganzen Viertel kein Polizist zu finden war, wanderte ich zum Bistro, in dem man mich für einen Kriminaler gehalten hatte.

Mein hilfsbereiter Freund aus dem «Milieu» war noch da. Er explodierte fast vor Wut, als ich die Geschichte erzählte. Seine Empörung war verständlich, denn der Inhalt jeder Brieftasche, die auf der Straße geklaut wird, entgeht dem Vergnügungsgewerbe. Der Wirt des Bistros, Gäste und einige Trottoirpächterinnen (so nennt man im Pigalle-Jargon alleinstehende Damen) machten ihrem Zorn Luft: «Diese ausländischen Schweine ruinieren den Ruf von Pigalle!»

Um den guten Ruf von Pigalle hatte ich mir eigentlich noch nie Sorgen gemacht, mußte den Umstehenden sogar als Ausländer recht geben.

Mein Freund winkte zwei vorbeikommende Männer von Kleiderschrankformat herein, stellte sie als Kollegen vor und bat um eine genaue Beschreibung der Täter. Ich sah meinen Fall in den besten Händen.

«Wie groß war der Kerl, der mit Ihnen tanzte? Hatte er volles Haar, eine Glatze oder einen Bart? War er dick oder dünn? Rundes oder ovales Gesicht? Welche Anzugfarbe?»

Keine einzige Frage konnte ich mit gutem Gewissen eindeutig beantworten. In diesen Minuten verlor ich jeden Glauben an Zeugenaussagen und mein neuer Freund die Überzeugung, daß ich Kriminaler sei. Aber den Journalisten wollte er mir noch weniger glauben, weil er diesem Berufsstand eine gute Beobachtungsgabe zutraute. Das einzige, was ich genau wußte, war die Höhe des Geldbetrages, den die Brieftasche barg. Bei Nennung der ziemlich beachtlichen Summe riefen alle einstimmig aus: «*Merde!*» was im Französischen soviel heißt wie «Na so was!»

(Bei dieser Gelegenheit möchte ich darauf hinweisen, daß die Täter-Gesichter auf meiner Zeichnung mangels Gedächtnis frei erfunden sind. Etwaige Ähnlichkeiten mit lebenden Personen im diplomatischen Dienst sind zufällig.)

In Anbetracht meiner Bargeldlosigkeit bestellten die Herren umschichtig etwas zu trinken. Wir verabredeten uns für den nächsten Abend, und man gab mir zehn neue Francs, damit ich nicht völlig ohne Geld nach Hause lief.

Mit diesem Hilfsfonds der Unterwelt nahm ich mir ein Taxi zum nächsten Polizeirevier. «Was wollen Sie da?» fragte der Chauffeur. Nach Schilderung meines Falls rief er ebenfalls «*Merde!*», stellte den Taxameter ab und fuhr mich umsonst zum Polizeirevier in der rue Pelletier.

Rechts hinten in einem großen Hof, wo mehrere «Salatkörbe» standen, war der Eingang. In einem fliesenbelegten, wartesaalartigen Raum saßen an einfachen Holztischen Weißbrot kauende und Rotwein trinkende Polizisten. Hinter einer Art Bankschalter saß der Reviervorsteher. Als ich auf ihn zuging, sagte er strahlend: «Guten Abend, Herr Manfred Schmidt!» Das war der weitaus schönste Moment dieser Nacht, denn etwa eine Sekunde lang glaubte ich, daß meine Bücher auch hier gelesen würden.

Aber dann sah ich auf dem Tisch meinen aufgeschlagenen Paß, die Fotos von Weib und Kind sowie die Restaurantquittungen der letzten Tage. Vor einer halben Stunde hatte man mir die Brieftasche geklaut, und schon lag sie hier bei der Polizei! Demnach hatte man die Burschen gefaßt.

Der Kommissar sagte: «Nun zählen Sie mal genau den Inhalt der Brieftasche auf!»

Er schrieb meine Inhaltsangabe auf einen Zettel, drückte den Revierstempel drauf und sagte freundlich: «Das ist für Ihre Versicherung. Das Geld ist nämlich weg.»

Ich bin reichhaltig versichert, aber nicht gegen Brieftaschendiebstahl an der Place Pigalle. Die Prämien dafür hätten im Laufe der letzten zwanzig Jahre wahrscheinlich genau den Betrag ausgemacht, der mir abhanden kam.

Der Reviervorsteher rief zu den Tischen hinüber: «George! Nimm das Protokoll auf!»

George schob die Rotweinflasche zur Seite, wischte die Weißbrotkrümel vom Tisch und bat mich, ihm gegenüber Platz zu nehmen. Meine Erzählung erzeugte bei den umsitzenden Polizisten große Fröhlichkeit, denn die musikalisch-tänzerische Variante des alten Anrempeltricks war ihnen neu.

George erzählte mir, die Brieftasche sei von einer Dame unter einer Straßenlaterne gefunden und ihm übergeben worden. Wenn weniger Geld drin gewesen wäre, hätten die Taschendiebe die geleerte Brieftasche wahrscheinlich in eine Kanalroste geworfen. Durch das Ablegen an gut sichtbarer Stelle bezeugten sie ihre Dankbarkeit. Ich fragte, wie ich mich bei der Finderin bedanken könne. Das belustigte die Ordnungshüter sehr. Verschmitzt lachend sagte ein Flic: «Da müßten sie die Brieftasche erst mal neu füllen, hahaha!»

Den weiteren Anspielungen glaubte ich entnehmen zu können, daß die ehrliche Finderin in den Nachtstunden an einer bestimmten Ecke in mehr oder weniger kurzen Intervallen anzutreffen sei.

Meine Zeugenaussagen nützten übrigens den amtlich konzessionierten Polizisten ebenso wenig wie den Unterwelt-Wachhabenden aus meinem Stamm-Bistro.

Auf dem Heimweg kam ich an der Ecke vorbei, an der meine Brieftasche gefunden wurde. Die hilfsbereite Dame war im Moment nicht da, deshalb möchte ich ihr an dieser Stelle herzlich danken.

Kurz vor meinem Hotel kamen drei junge Leute die Straße entlang. Durch Erfahrung gewitzigt, bog ich aus und deckte meine mühsam wiedererrungene Brieftasche ab. Trotzdem kamen die salopp gekleideten Jünglinge dicht an mich heran.

Der Größte sagte auf deutsch: «Entschuldigen Sie bitte, wo ist hier die Jugendherberge?»

Ich vermutete eine neue Variante des Anrempeltricks. Es waren aber drei ehrliche Studenten aus Tübingen. Die Jugendherberge befindet sich in der Nähe der Place Pigalle. Vielleicht hat man diese Gegend gewählt, weil junge Menschen da sehr viel lernen können.

Mein Weg führte mich noch an mehreren Nachtlokalen vorbei. Zum erstenmal in meinem Leben wurde ich von keinem einzigen Anreißer angesprochen. Geld scheint also doch zu riechen, denn diese erfahrenen Spezialisten schnuppern es sofort, wenn einer keines mehr hat.

Am nächsten Tag ließ ich mich telegrafisch mit neuen Barmitteln aus der Heimat versehen, ein bei Paris-Reisenden sehr häufiger postalischer Vorgang.

Abends wollte ich die zehn Francs an die so liebenswürdige Unterwelt-Polizei zurückzahlen. Kurz nach Mitternacht traf ich die Herren im Stamm-Bistro. Sie wollten das Geld keinesfalls annehmen. Nur auf dem Umweg über Getränke konnte ich meine Ehrenschuld begleichen. Und das beweist wohl zur Genüge, daß «Pigalle» weit besser ist als sein Ruf. Auch in Zukunft werde ich meine nächtlichen Spaziergänge fortsetzen, allerdings nie wieder mit praller Brieftasche.

Abschließend wage ich zu behaupten, daß es an der Place Pigalle am lustigsten ist, wenn man eine oder sogar seine Frau mitnimmt. Ich weiß, daß ich mit dieser Behauptung allen überlieferten Vorstellungen von Paris ins Gesicht schlage und einen Sturm der Entrüstung bei vielen streng und rein geschäftlich Reisenden entfachen werde. Es gibt aber nichts Lächerlicheres auf der Welt als Männer, die nachts alleine durch das Vergnügungsviertel streichen, in die dunklen Seitengassen abbiegen und so tun, als suchten sie einen Briefkasten.

Nur solchen Männern werden die Brieftaschen geklaut.

Eine Nacht in Monte Carlo

Das Fürstentum Monaco ist eines der schönsten Fleckchen dieser Erde, denn dort gibt es keine Wehrpflicht und (wahrscheinlich eben deshalb) keine Steuern. Wegen dieser Vorteile haben außer den statistisch nachgewiesenen 2696 echten Monegassen etwa 18 000 Ausländer ihren ständigen Wohnsitz unter den Schirm (im Sinne von Herrschaft) Gracias, geborene Kelly, und Rainiers des Dritten gestellt.

Die wehrfähige männliche monegassische Bevölkerung dient Landesherrn und Landesmutter treuergeben mit der Harke: Sechshundert Croupiers rechen rastlos und schichtweise im Casino das Geld vom Tisch, wobei allerdings ziemlich viel für den nicht immer stillen Teilhaber Onassis abfällt.

Laut farbenprächtigem Prospekt ist Monte Carlo «ein Ort der Ruhe und Erholung für die internationale Elite». Darunter versteht man im heutigen Sprachgebrauch diejenigen Leute, die unsere westliche Freiheit geschickt zu nutzen und in hohe Bankkonten umzusetzen verstehen.

Diese Spielart der «Elite» fand ich in Monte Carlo in überreichem Maße vor, aber von Ruhe konnte gar keine Rede sein: Der «Ort der Erholung» war erfüllt vom Dröhnen der Preßlufthämmer und dem Kreischen der Betonmischmaschinen. Überall wurde die Kelle geschwungen. Nicht umsonst stammt Ihre Hoheit Fürstin Gracia aus dem Geschlecht der Kellys, das seine Bedeutung dem Baugewerbe verdankt.

Die Quadratmeterpreise schossen in den letzten Jahren sprunghaft in die Höhe, viele internationale Großfirmen verlegten ihren juristischen Verwaltungssitz an den steuerliche Vorteile spendenden Meerbusen. Acht- bis zwölfstöckige Gebäude wuchsen reihenweise aus dem fruchtbaren Felsen, um Steuerflüchtlinge aus aller Herren Ländern aufzunehmen. So leistete auch das kleine Monaco seinen Beitrag zum Weltflüchtlingsjahr.

Auf der Hotelsuche landete ich durch die geschickt umleitende Armbewegung eines Polizisten in der Einfahrt eines luxuriösen Hotelpalastes. (Wahrscheinlich stand der Polizist im Dienste des Hotels.) Bei Betreten der Hotelhalle fühlte ich mich sofort um siebzig Jahre jünger, nämlich im Jahre 1890.

Ein Page führte mich durch den stucktriefenden Raum in einen kleinen, mit Schnitzereien, Bronzeleuchtern und samtgepolsterten Ruhebänken ausgestatteten Salon, der sich nach oben in Bewegung setzte und ein Fahrstuhl war.

Der Hotelboy, zwei Gepäck tragende Hausdiener (eine Reisetasche, ein Koffer) und der Empfangschef geleiteten mich durch saalartige, tep-

Im weltberühmten Aquarium von Monaco wird man immer wieder daran erinnert, daß Aristoteles Onassis in diesem kleinen Fürstentum an allen Unternehmungen irgendwie beteiligt war oder noch ist.

pichbelegte Korridore – vorbei an dienernden Etagenkellnern, Stubenmädchen und Kammerdienern – zu dem mir zugedachten Appartement.

Vier kleine Löwen trugen das mit geschnitzten Rosen verzierte Bett, der Kleiderschrank erfüllte für sich alleine die Bedingungen des sozialen Wohnungsbaus, und das Telefon war ein Modell, wie es nicht einmal das Deutsche Museum in München besitzt. Das Badezimmer konnte man kaum als Badezimmer bezeichnen, sondern schon eher als Badeanstalt. Die Klinke der Balkontür war ein Messinghebel in Form einer Meerjungfrau. Ich drückte das Mädchen kräftig hoch und klemmte mir vier Finger der rechten Hand zwischen ihrem Busen und dem Fensterrahmen. Als ich dann den mehrteiligen Fensterladen zurückklappte, gerieten drei Finger der linken Hand zwischen die zusammenschlagenden Flügel. Und ausgerechnet in diesem Hotel wohnten alle großen Virtuosen von Paderewski über Kreisler und Casals bis zu Yehudi Menuhin! Das Wunder, daß trotzdem noch Konzerte stattfanden, ist nur damit zu erklären, daß die Künstler erfahrener im Umgang mit antiken Grand Hotels waren und nichts selber anfaßten.

Der Portier überreichte mir einen Stadtplan und wies auf die Sehenswürdigkeiten des Fürstentums hin: Das Aquarium und Ozeanographische Museum, den Palast des Fürsten, den exotischen Garten und das Prähistorische Museum mit den Fossilien, womit er nicht etwa das Spielcasino meinte. Das erwähnte er gar nicht. Man geniert sich anscheinend.

Auf dem Weg zum schönsten Aquarium der Welt konnte ich feststellen, daß fast alle blonden Monegassinnen sich nach dem Vorbild der Fürstin Gracia frisieren. Die Fische im Aquarium dagegen versuchten alle mit Erfolg, Onassis ähnlich zu sehen.

Dem Fürstenschloß gegenüber haben sich zahlreiche Postkartenhändler etabliert. Die Postkarten sind nach Sachgebieten geordnet. Die Fürstin hat einen ganzen Ständer für sich allein. Als ich mir einen Sonderstempel auf Gracias Bild drücken ließ, glaubte ich am Schloßfenster zu sehen, wie sie wohlgefällig den guten Geschäftsgang verfolgte. Den monegassischen Briefmarken ist es nämlich zu verdanken, daß Fürst Rainier III. der Landesmutter ein anständiges Wirtschaftsgeld geben kann.

Das Bassin mit der Aufschrift «Hummer» war leer. Er wurde wohl gerade als Opfer des Fremdenverkehrs irgendwo serviert. Besonders eindrucksvoll war ein etwa fünfzigpfündiger Fisch, der in einem runden Spiritusbehälter senkrecht auf dem Schwanz stand. Eine Gedenktafel verkündete: *Dieser Fisch aus der Bucht von Villefranche starb am 6. Juli 1940 in dem Aquarium, in dem er 29 Jahre lebte.*

1940! In stolzer Trauer vernahm damals das nicht wehrpflichtige Volk der Monegassen den Tod dieses stummen Mitbürgers.

Das Ozeanographische Museum wurde vom Fürsten Albert gegründet, der ein großer Meeresforscher war, und dessen Name trotzdem auf allen Flaschen des Albert-Bieres (de Luxe) prangt. Auch er gehörte zum Geschlecht der Grimaldi, dessen neuerdings dank Amerika-Hilfe wieder kräftig blühender Stammbaum auf einen gewissen Otto Canella aus Genua zurückgeht. Dieser Otto nannte seinen erstgeborenen Sohn Grimaldo und ersparte so dem jetzigen Fürsten Rainier die bittere Pille, aus dem Geschlecht der Ottos zu stammen. Die leider historische Tatsache, daß die Grimaldis die günstige Lage ihres Felsens zu

Seeräuberei benutzten, wollen wir vergessen. Hätte es damals schon ein Spielcasino gegeben, hätten sie das nicht nötig gehabt.

Der nach Bonner Begriffen äußerst bescheidene Palast der Grimaldis ist das Ziel aller Touristen, die einmal den Hauch eines angestammten Herrscherhauses verspüren möchten. Das Schloß ist umgeben von Andenkenläden und Postkartenständen. Man kann das hohe Paar für 2 DM auf Seide gestickt und als Aschenbecher, für 0,50 DM als Postkarte bekommen (farbig sind sie etwas teurer). Für eine D-Mark gibt es die scheinbar unerschöpfliche Restauflage der offiziellen Sonderpostmarke mit Sonderstempel von der Hochzeit 1956.

Vor dem Palast stehen sauber ausgerichtet die Kanonen und Feldschlangen, mit denen die Vorfahren des jetzigen und durchaus honetten Fürsten die Passanten belästigten. Neben jeder Kanone zu Pyramiden aufgeschichtete Eisenkugeln, die durch dazwischengestrichenen Zement am Rollen gehindert werden. Rollende Kugeln sind immerhin im Verein mit den Briefmarken die stabile Grundlage dieses pittoresken Fürstentums. Und damit wären wir endlich beim Spielcasino.

Monaco ist durch Heirat zu einer echten Demokratie geworden. Im Gegensatz zu früher können hier nicht nur die Reichen ihr Geld loswerden. Das prickelnde Vergnügen steht nunmehr auch den unteren Volksschichten offen. Dasselbe pompöse Portal führt die nerztragende Elite an den Roulette-Tisch und den buschhemdtragenden Touristen zu den Spielautomaten. Die *slot-machines* sind mit Sioux-Indianern verziert und stammen aus der Heimat der Landesmutter. Wem es gelingt, drei Äpfel, drei Kirschen oder drei Pflaumen auf eine Linie zu bringen, hat gewonnen. Leute, deren Geld fürs Roulette nicht mehr reicht, legen einen solchen «Obsttag» ein.

Wenn man diesen Raum mit seinen etwa hundert Spielautomaten betritt, hat man die Geräuschkulisse einer gutgehenden Metallwarenfabrik. Das rasselt, scheppert, bumst und klingelt. Zwei Automaten laufen fürs Rote Kreuz, der Rest für Gracia. Die Automaten schlucken nur Hartgeld, jeweils einen «Neuen Franc», also etwa eine D-Mark. Pfundweise verschwindet das Geld in den dafür vorgesehenen Schlitzen. Deshalb war es eine gute Idee der Casino-Leitung, hier eine Personenwaage aufzustellen. Sie steht dicht bei den Spielautomaten, und wenn man sich vor und nach dem Spielen wiegt, kann man ohne mühsames Nachzählen seine Verluste auf hundert Gramm genau errechnen.

An den Spielautomaten sind höchstens zwanzig Mark pro Minute zu verlieren. Für Leute, die mit ihrer Zeit rechnen müssen, sind Roulette und Bakkarat das gegebene bzw. das schneller Nehmende.

Um in die Roulette-Säle zu gelangen, muß man sich ausweisen. Weshalb, war mir zunächst unverständlich. Den möchte ich sehen, dessen Geld die Spielbank nicht haben will! Als ich meinen Paß aus der Brieftasche zog, warf der Beamte einen prüfenden Blick auf deren In-

Die Touristen leiden in der Spielhölle Höllenqualen. Wenn die Reisegesellschaften am frühen Vormittag und am späten Nachmittag durch die Spielsäle geschleust werden, müssen alle Fotoapparate draußen bleiben, denn im Casino herrscht strenges Fotografierverbot. Die leidenschaftlichen Knipsamateure machen aber auch ohne Kamera instinktiv die entsprechenden Handbewegungen, denn sie sind es gewohnt, bei Sehenswürdigkeiten stets die Hand am Auslöser zu haben.

halt. Nun war es mir klar: Die Spielbank ist ein seriöser Geschäftsbetrieb, hier fand die Vorkalkulation statt.

Vor den Spielsälen steht ein Säulenstumpf, der einen Felsbrocken trägt, der eine nackte Dame trägt, die ein Kind trägt, das einen Leuchter trägt, der eine Glühbirne trägt. Das ist der Mindestaufwand pro Glühbirne in den von vielen tausend Lampen erhellten, mit ungeheuerlichem Pomp ausgestatteten Sälen. Der Zweck heiligt die gewaltigen Mittel.

Der erste Roulette-Saal ist mit barocken Schäferszenen geschmückt.

Die feinfühlige Casino-Gesellschaft hat vor der Spielbank besonders konstruierte Bänke aufgestellt, die man in zwei Richtungen benutzen kann. Die Lehne ist umklappbar, falls man nach größeren Spielverlusten das Casino nicht mehr sehen will. Andersherum hat man den beruhigenden Blick aufs Meer.

Diskreter kann man wohl kaum auf den Zweck des Saales hinweisen: Der Gast soll hier gründlich geschoren werden.

Dieser Saal hat schlichtes Parkett und ist für das gemeine Volk, das nur ein paar hundert Mark täglich verspielen kann. Dahinter liegen die *Salons privés* und so dicke Teppiche, daß keinerlei Geräusch verursacht wird, wenn jemand vor Schreck vom Stuhl fällt.

Die *Salons privés* verdanken ihre Berühmtheit den zeitgenössischen Romanen unserer Großeltern. Damals versuchten russische Großfürsten, hier ihrer Reichtümer Herr zu werden, indem sie durch Spielverluste das Vermögen auf ein überschaubares Maß brachten. Mancher Fürst brachte es so weit, daß er beim Verlassen des Casinos dem Portier nur noch einen Schuldschein über seine letzten hundert Leibeigenen in die Hand drücken konnte.

Unter goldstrotzenden Armleuchtern spielten die zahlreich vertretenen Industriellen von Rhein und Ruhr sehr vorsichtig. Auf «Rot» trauten sie sich nicht zu setzen, und wenn sie dann auf «Schwarz» setzten, verloren sie oft nicht nur das Geld, sondern auch den Glauben. Viele brillantenbehängte alte Damen versuchten ihr Glück im Spiel mit dem Geld, das sie früherem Glück in der Liebe verdankten.

Ein Schauer der Ehrfurcht lief mir vor dem in so vielen Romanen erwähnten Fahrstuhl über den Rücken. Er verbindet die *Salons privés* mit einem in den Felsen gesprengten unterirdischen Gang, der zum feudalen «Hotel de Paris» führt. Man hatte den Gang gebaut, damit die reichen Leute der Jahrhundertwende diskret und ungesehen ins Casino gelangen konnten. Der Aufzug ist seit vielen Jahren nicht

Die Touristenströme, die am Roulettetisch den für die Erholung so wichtigen Nervenkitzel suchen, haben Monte Carlo viel von seiner Vornehmheit genommen, aber sehr viel höhere Nachmittagsumsätze gebracht.

mehr in Betrieb, weil die Millionäre von heute gar kein Interesse daran haben, diskret aufzutreten.

Der Aufzug erleichterte aber auch den Weg zu jener berühmten Klippe, auf der sich Männer von Welt mittels eines Trommelrevolvers in eine andere Welt beförderten, wenn sie den eigenen letzten Pfennig zuzüglich einer Ehrenschuld verspielt hatten. Ein immer wieder kolportiertes (und immer wieder von der Casino-Leitung dementiertes) Gerücht behauptet, daß ein Angestellter der Spielbank sofort zur Klippe eilte, wenn von dort ein Schuß erklang. Er steckte (angeblich) dem bleichen und bargeldlosen Verblichenen ein dickes Bündel Banknoten in die Brusttasche, damit nachher niemand behaupten konnte, die Spielbank habe ein neues Opfer gefordert. Das Gerücht berichtet hartnäckig weiter, daß sich eines Nachts ein ausgekochter Bursche mit Lippenstift ein Loch auf die Schläfe malte, in die Luft schoß, sich hinlegte, tot stellte und das Geld in die Brusttasche steckenließ. Nach Verschwinden des Casino-Angestellten verschwand er ebenfalls.

Ich hörte am hellichten Tag eine ganze Salve von Schüssen aus der Richtung dieser Klippe. Die Vermutung, daß hier eine Reisegesellschaft nach verlustreichem Spiel den Weg ins Jenseits antrat, trog: Da unten befindet sich jetzt der Tontauben-Schießplatz.

Der Leser wird mit Recht fragen, weshalb ich immer nur von Spielverlusten, aber nie von Gewinnen rede. Das ist leicht zu erklären: Erstens habe ich nur verloren, und zweitens hat ein Direktor der Spielbank von Monte Carlo einmal geäußert: «Das Geld, das hier jemand gewinnt, betrachten wir als kurzfristiges, zinsloses Darlehen!»

Ich hatte das Vergnügen, einen leitenden Herrn der Spielbank kennenzulernen. Er residierte im ersten Stock des Casinos. Hier oben hing ein riesiges Wandgemälde, das für die Spielsäle völlig ungeeignet war: In einer zerklüfteten Uferlandschaft saß auf einer Klippe ein hungerndes und verzweifeltes Paar, das sich über einem kleinen Reisigfeuer ein dünnes Süppchen kochte. Spielers Ende!

Der charmante und gegen das Roulette immune Monsieur Bernard erzählte wehmütig von den großen Spielern vergangener Zeiten. (Im Interesse des Hauses natürlich nur von Gewinnern.) So zum Beispiel von dem berühmten Baron van Palland, der sich eine Gärtnerschürze umband, eine Gießkanne mit edelstem Wein füllte und damit die Laternen vor dem Casino begoß zum Dank dafür, daß sie ihm den Weg zum Roulette erleuchteten.

Beim Verlassen des Casinos kam ich an einem Glaskasten vorbei, in dem Postkarten, Briefe und Telegramme ausgehängt waren. Sie waren an Spieler gerichtet, die das Casino als Adresse angegeben hatten. Laut Poststempel waren die Telegramme zwischen sechs und zehn Jahren alt, ein Brief hätte also auch genügt. Die Porto-Differenz hätte dem Spieler vielleicht den letzten gewinnbringenden Einsatz ermöglicht.

Jeder Monte Carlo-Besucher drückt auf den Auslöser, wenn die Soldaten der monegassischen Armee sich bei der Wachablösung aneinander festhalten. Die selbst für militärische Verhältnisse eigenartige Bewegung ist vom Reglement vorgeschrieben und soll wohl den so lobenswerten blinden Gehorsam verdeutlichen.

Und dann fiel mein Blick auf ein Plakat, das zum wirklich allerletzten Einsatz aufforderte: «*Offrez votre sang!*» Auf deutsch: «Biete Dein Blut an!» Ein Aufruf zur Blutspender-Aktion. Außerdem hing am Casino-Ausgang ein Kasten mit der Aufschrift «Für die Armen!» Diejenigen, die drinnen alles verloren haben, dürfen da aber nicht ran.

Am nächsten Morgen sprang ich im luxuriösen Strandbad «Monte-Carlo-Beach» ins Meer. Im Prospekt stand: «Monte-Carlo-Beach bietet *alle am Meer denkbaren Vergnügungen*!» Das ist ein stolzes Wort, aber der Leser möge seiner Phantasie nicht allzu freien Lauf lassen. Monte Carlo und sein charmantes Herrscherpaar geben sich alle Mühe, aus dieser Perle der Riviera einen soliden Kurort zu machen.

Bleibt Wien Wien?

Der für eine gute Pointe zu jeder Schandtat bereite Alfred Polgar hat den hinterlistig vergifteten Satz geprägt: «Wien bleibt Wien – und das ist wohl das Schlimmste, was man über diese Stadt sagen kann.» Als Wiener konnte er sich das erlauben.

Nun hat der Fortschritt (oder das, was man dafür hält) natürlich auch vor Wien nicht haltgemacht. Der kontaktfreudige Taxichauffeur, der mich an einem schönen Frühsommerabend nach Grinzing hinauffuhr, klagte: «Wien ist nicht mehr Wien! Die schönen alten Caféhäuser werden eines nach dem anderen zu Bankfilialen oder Waschsalons umgebaut. Und beim Heurigen singen die deutschen Touristen mit rheinischen Karnevalsliedern unsere Schrammeln an die Wand! Es ist zum Weinen ...»

Er sagte das natürlich auf Wienerisch, also in einer Sprache, deren weiche, ziehende, buchstabenverschluckende Schönheit nur schwer in Druckschrift wiederzugeben ist.

Vor einem alten Mietshaus verlangsamte der motorisierte Fiaker die Fahrt und zeigte auf die Fenster des ersten Stocks: «Dort oben wohnte der Föder, der das Lied ‹Im Erdberg steht a Häuserl› geschrieben hat. Nun ist auch er tot ...»

Lied und Autor waren mir völlig unbekannt. Trotzdem legte ich eine andächtige Schweigeminute ein, um die verblichene Lokalberühmtheit zu ehren.

Als ich unter dem Schild «19. Himmelsstraße» im Zentrum des malerischen Weindorfes Grinzing ausstieg, quoll urwienerische Schrammelmusik aus den rebenumrankten Höfen, in denen die Winzer ihren Eigenbau ausschenkten. Gaslaternen und Windlichter tauchten die gelbgetönten Häuser in ein warmes, romantisches Licht. Mitten in das anheimelnde Bild knallten unter blühenden Kastanienbäumen zwei grellweiß leuchtende Reklamen. Ihr alles überstrahlendes HERREN und DAMEN warb für eine unterirdisch angelegte kommunale Einrichtung.

Am tiefblauen Nachthimmel hing ein ebenso weißstrahlender Mond und trug ein Zifferblatt. Es war die von innen kräftig erleuchtete Kirchturmuhr.

Aufs Geratewohl ging ich in den nächstbesten Weinbauernhof. Da saßen die Leute dich an dicht auf rohgezimmerten Bänken in Grinzing beim Wein und sangen aus voller Kehle, daß sie wiederamal in Grinzing beim Wein, beim Wein, beim Wein sein möchten.

Die ihr Trachtenmieder fast sprengende Kellnerin trug auf dem linken Busen das Namensschildchen «Hedi». Wie der rechte hieß, wagte ich nicht zu fragen. Sie brachte ein Viertel Heurigen und legte dazu ein Stückchen Papier mit dem Aufdruck «Musikschutz» auf den Tisch. Sollte man sich daraus etwa zwei Kügelchen drehen und in die Ohren stopfen? Nein. Kleingedruckt stand auf dem Zettel zu lesen: «Lustbarkeits- und Kriegsopferabgabe 2 Schilling.» Eine für das österreichische Gemüt typische Mischung aus Heiterem und Makabrem.

Ein Schild an der Hauswand ließ auf bacchantische Lustbarkeit hoffen: «Für abhanden gekommene Kleidungsstücke wird keine Haftung übernommen.» Vorläufig ging es jedoch noch sehr gesittet zu.

Die mit Gitarre, Geige und Harmonika von Tisch zu Tisch wandernden Schrammeln zupften, strichen und quetschten die so zu Herzen gehenden Wiener Lieder, in denen immer wieder vom Himmel, vom Herrgott und vom Sterben die Rede ist. Daneben wurden aber auch die Wiener Madeln, Fiaker, Rebläuse und Dienstmänner eifrig besungen.

Ich ging ins Haus, um mir am Büfett etwas Eßbares zu holen. Das ist hier so üblich, die Kellnerinnen bringen nur den Wein und sind damit voll ausgelastet. Vor der mit Wurst, Käse, Braten und Salaten beladenen Theke stand ein Japaner, blätterte in seinem Taschenlexikon und sagte zur etwas verdutzten Wirtin: «Schwein!» Er wollte ein Kotelett.

Neben der Preistafel hing schön gerahmt das Bild eines Mannes im Zylinder, darunter der Text: «Dem Gedenken einer unvergänglichen Wiener Spezialität: Jos. Bratfisch.» Ich verlangte eine Portion, mußte aber erfahren, daß Josef Bratfisch der kaiserliche Leib-Fiaker war.

Eine deutsche Reisegesellschaft intonierte das schöne Heimatlied «Wer soll das bezahlen, wer hat das bestellt.» Die Schrammeln versuchten, sich mit «Drunt in der Lobau» dagegen durchzusetzen, mußten aber aufgeben. Als dann nach den Volksweisen «Warum ist es am Rhein so schön?» und «Humba, Humba, Täterä» auch noch der Marschgesang «O du schöner Westerwald» die ostmärkischen Rebstöcke erzittern ließ, räumte ich das Feld.

Der Weinbauer nebenan hatte offensichtlich ein Abkommen mit einem italienischen Reiseunternehmen. Vor dem Hoftor standen drei Omnibusse aus Mailand, und aus dem Garten drangen geschrammelte Canzones: «O mia bella Napoli», «Santa Lucia» und «Arrivederci Roma». Auch das schlug mich in die Flucht.

Am Hause Beethovens, in dem sich heute ein besonders beliebtes Heurigenlokal befindet, hängt eine marmorne Gedenktafel:

In diesem Hause wohnte
LUDWIG VAN BEETHOVEN
im Jahre 1817
Gewidmet von BETTY GRUBER *geb. Konradt*

«Es wird ein Wein sein, und wir wern nimmer sein . . . 's wird schöne Madln geben, und wir wern nimmer leben . . .» Die bundesrepublikanische Reisegesellschaft auf dem Balkon singt das rührselige, zu Wein- und Madlkonsum anregende Heurigenlied überlaut mit, fröhlich dem

Unvermeidlichen ins Auge blickend. Die im Hof sitzenden Österreicher dagegen scheinen dem eigenen Ableben mit wehmütigem Ausdruck des Bedauerns entgegenzusehen. Aber vielleicht stört sie auch nur der Lärm der fremdländischen Gäste

Frau Gruber stiftete die Tafel erst vor kurzem, um sich in den Nachruhm des Meisters hineinzumogeln und mit ihm unvergessen zu bleiben.

Bei den Klängen der Mondscheinsonate «Wenn ich mit meinem Dakkel von Grinzing heimwärts wackel» (nicht von Beethoven) leerte ich ein Glas auf den tauben Tonsetzer aus Bonn.

Leider regte auch hier der reichlich genossene Wein einige Landsleute zu lautstarkem Rundgesang an, in dem sie immer wieder versicherten: «Nach Hause, nach Hause, nach Hause gehn wir nicht!» Deshalb ging ich ein paar Häuser weiter.

Aber dort legte der Geiger gerade seine Fiedel beiseite, holte eine Trompete hervor und blies auf speziellen Wunsch einiger als Zivilisten verkleideter NATO-Kämpfer gefühlvoll den großen Zapfenstreich.

In der Weinschenke «Zum dritten Mann» kam ich gerade noch rechtzeitig herein, um Anton Karas vor vollem Haus und in abgedunkeltem Raum sein berühmtes Filmlied zupfen zu hören. Er machte das grandios – nach fünfzehnjährigem Üben kein Wunder. Andächtig und mit leichtem Rückenrieseln lauschten die Gäste. Vergrößerungen der unheimlichen Filmszenen schmückten die Wände und erinnerten daran, wie erfolgreich Karas den Streifen bezithert hatte.

Als die letzten Töne verklungen waren, rauschte der Beifall auf, das Licht ging wieder an, die an langen Tischen sitzenden Teilnehmer der Rundfahrt «Wien bei Nacht» brachen schlagartig auf. Die Ober räumten ab und stellten sofort vor jeden leeren Stuhl ein frischgefülltes Weinglas. Wenige Minuten später strömte die nächste Omnibusgesellschaft herein, setzte sich, und schon ging das Licht wieder aus.

Diskret bestrahlt, zitherte der Meister aufs Neue seinen alten Weltschlager.

Licht an, Aufbruch, neue Gläser, neuer Omnibus. Diesmal Amerikaner, denen der fingerfertige Saitenzupfer Melodien aus amerikanischen Musicals servierte, um dann in eine gewaltige Dritte Mann-Sinfonie überzugehen. Schlußakkord, Licht an, Fortsetzung siehe oben.

Die Omnibusse rollten nach einem geradezu generalstabsmäßig organisierten Aufmarschplan an. Kommerziell ausgedrückt: Der Gästebestand wurde zwischen 22 und 24 Uhr sechsmal umgeschlagen.

Beim sechsten «Dritten Mann» bin ich gegangen und bat vor der Tür einen Taxifahrer, mich zu einem Heurigenlokal zu bringen, das noch nicht an das Touristenverteilungsnetz angeschlossen war. Er fuhr mich zu einer verträumten, abseits liegenden Gartenwirtschaft, in der wirklich nur Österreicher saßen, denn es ging leise und gemütlich zu. Man schien allerdings auch hier mit fremdländischer Invasion zu rechnen, wie aus dem Plakat hervorging:

Soldatenlieder sind für den Kasernenhof recht,
Aber beim Heurigen passen sie schlecht.
Drum, liebe Gäste, erhört unsere Bitt,
Und bringt dafür Verständnis mit!

Ich brachte es in überreichendem Maße mit und ließ mir einen Stechheber voll Rebensaft bringen. An diesem Gerät, das dem Spieltrieb des Menschen so schön entgegenkommt, kann man sein Glas selber nachfüllen und kommt mühelos auf das Doppelte der normalen Trinkgeschwindigkeit.

Der süffige Wein und die mit der obligaten, weinerlich-brüchigen Stimme vorgetragenen Heurigenlieder versetzen den Trinker schnell in eine wehmütige, aber glückselige Stimmung. Die Weisen von Liebe und Tod lassen heitere Resignation ins Gemüt einziehen, und alle irdischen Wichtigkeiten schrumpfen auf das ihnen zukommende Maß, also fast nichts, zusammen.

Es gibt keine bessere Kur für zerrüttete Nerven als einen Heurigen-Abend in Grinzing, wenn man sich an die abseits liegenden Lokale hält. Die Kur ist weit wirksamer als die in Wien erfundene Psychoanalyse.

Mit der letzten, vollbesetzten Straßenbahn der Linie 38 fuhr ich wieder hinunter nach Wien. Das rot-weiße Gefährt zierten Reklametafeln mit dem Text: «Versicherter Schmerz ist halber Schmerz.» Ein schwankender Fahrgast trug eine Tasche mit der Aufschrift AUA, dem einen Hauch von Pessimismus verbreitenden Namen der österreichischen Fluglinien. Neben mir stand ein kleiner, dicker Mann, der mit seinen kurzen Armen vergeblich die hoch oben hängende Lederschlaufe zu packen versuchte. Er resignierte und summte das alte Wienerlied: «Wenn der Herrgott net wui, dann hilft's gornix . . .»

Wien ist als Kurort wirklich sehr zu empfehlen. Trotz aller gegenteiligen Behauptungen gibt es immer noch einige Caféhäuser, in denen die Zeit seit Kaiser Franz-Josef stehengeblieben ist. Man hat die Auswahl zwischen zwölf Arten der Kaffeezubereitung, der Ober legt dem Gast sofort einen Packen Zeitungen hin, und man hat Zeit zu haben. Nach der Lektüre von drei bis vier Gazetten verschiedener Observanz kommt angesichts der widerspruchsvollen Verlautbarungen ganz von selber eine gewisse Wurschtigkeit über den Leser, und das ist bekanntlich die Grundlage jeder seelischen Gesundung.

Das Lesen österreichischer Zeitungen bietet dem deutschen Gast durch die landeseigenen Wortschöpfungen viele überraschende Reize. Ich entdeckte in einer Boulevardzeitung die fette Überschrift LIEBER IM GEWERBEBETT! Gespannt las ich weiter und erfuhr die hochinteressante Tatsache, daß laut Umfrage die deutschen Touristen das Hotelzimmer dem Privatquartier vorziehen.

Nirgends lernt man das Gesicht des Wieners so gut kennen wie in den wenigen noch guterhaltenen Cafés alten Stils. Das bei älteren Wienern so oft zu beobachtende Granteln, Mosern und Raunzen hat wahrscheinlich seine Ursache darin, daß sie allzu gründlich allzu viele Zeitungen lesen und sogar über das Gelesene nachdenken, was unweigerlich zu abgrundtiefem Pessimismus führt.

Doch zurück zur Kur: Eine heilsame Beruhigungstherapie vermitteln die Ampeln am verkehrsreichen «Ring». Sie schalten sehr, sehr langsam. Ich habe an der Krezung vor dem Schwarzenberg-Palais erlebt, daß ein Wiener zu einem anderen sagte: «S'ist rot... gemma noch an Kaffeeee trinken!» Die Behauptung, daß mit dem eigenen Wagen nach Wien kommende Fremde vor jeder Ampel einen Kartengruß an Daheimgebliebene zu erledigen pflegen, halte ich allerdings für übertrieben.

Auch ein Besuch im Schloß Schönbrunn ist jedem, der sich vom Fortschritt erholen will, dringend zu empfehlen. Im Schlafzimmer Kaiser Franz-Josefs, wo neben dem bescheidenen Bett ein Waschtisch mit Karaffe, Schüssel und Eimer steht, wird den Fremden in vier Kultursprachen erklärt: «Es gab im Schloß kein fließendes Wasser und kein Badezimmer. Und der Kaiser ist *doch* sechsundachtzig Jahre alt geworden.»

Merken Sie die feine Spitze?

Wer die verlorengegangene Romantik des Reisens sucht, findet sie in der «Wagenburg» im Seitentrakt des Schlosses. Hier steht neben Originalkarossen, Kutschen und Equipagen aus vier Jahrhunderten eine kaiserliche Sänfte, deren Sitzkissen der führende Kastellan mit einem Augenzwinkern hochzuheben pflegt. Dabei wird ein kreisrundes Loch sichtbar, das von vielen Touristen fälschlich für einen Kofferraum gehalten wird.

Im Prater blühen immer noch die Bäume, das Riesenrad dreht sich nach wie vor mit der am Eingang plakatierten Geschwindigkeit von 0,75 Meter pro Sekunde, und auf dem Rummelplatz zu seinen Füßen werden «hundertprozentig echte Menschenköpfe von der Größe eines Apfels» gezeigt, wobei es sich aber keineswegs um Wiener handelt, sondern um Importware.

An den Wurstbuden hängen Tafeln, die Cevapcici, Kolbasse und «Extrawurst» anpreisen, die man sich hier braten lassen kann. Was die Österreicher bekanntlich gerne tun.

Am Praterausgang stand ein Bettler, der einen Hut auf dem Kopf hatte und einen zweiten in der Hand, für die Spenden.

Womit wohl hinreichend bewiesen wäre: Wien bleibt Wien.

Ich fuhr über die Wirbel der Kaiserin

Um die beim Leser angesichts der Überschrift aufkommende Hochspannung nicht in falsche Bahnen zu lenken, sei rechtzeitig darauf hingewiesen, daß es sich hier nicht um die Memoiren des Schahs von Persien oder eines kaiserlichen Hausfreundes handelt. Es geht vielmehr um eine Schiffsreise donauabwärts zum Schwarzen Meer, vorbei an den gefährlichen Strudeln des «Eisernen Tores», die seit Maria Theresias Zeiten «Wirbel der Kaiserin» heißen.

Bevor ich das rumänische Passagierschiff in Budapest bestieg, las ich genauestens die auf gelbem Papier dicht an dicht abgedruckten «Allgemeinen Reisebedingungen». Der siebte Absatz lautete wortwörtlich:

Im Falle unvorhergesehener Umstände bleibt es Zigarren, Zigaretten, Tabak, Spirituosen und Toilettenwasser, das Reiseprogramm abzuändern. Mehrkosten infolge Verzögerungen oder Störungen der Reise durch Naturkatastrophen gehen zu Lasten der Reisenden.

Genauso stand es da, ein Leckerbissen für Sprachforscher und ein Beweis mehr für die oft gehörte Behauptung, der Osten sei voller Rätsel. Wieso steht es im Ermessen von Zigarren, ja sogar von Toilettenwasser, das Reiseprogramm abzuändern? Und mußten die Passagiere etwa, wie man dem zweiten Satz entnehmen konnte, das Schiff ersetzen, falls es an einem Wirbel der Kaiserin zerschellte? Nach langem Nachdenken wurde mir endlich klar, daß dem Setzer der volkseigenen Reisebedingungsdruckerei eine Zeile aus den Zollvorschriften in den Naturkatastrophenabsatz gerutscht war.

Das schneeweiße Luxusschiff «Oltenitza» ist Eigentum der rumänischen Volksrepublik und hat die Aufgabe, die begehrten Westwährungen ins Land zu bringen. Ost-Geldbesitzer sind auf den volkseigenen Planken nicht gern gesehen, es steht ihnen aber völlig frei, das Prachtschiff vom Ufer aus zu betrachten.

Am Laufsteg des schwimmenden Devisentransporters empfingen mich: Zwei rumänische Reiseleiter, ein österreichischer Reiseleiter, der Kapitän, zwei Zollbeamte, ein Paßkontrolleur und eine schicke Kammerzofe. Sie sah aus wie einem Operettenfilm entsprungen, mit schwarzseidenem Kleidchen, blütenweißem Spitzenschürzchen und ebensolchem Häubchen. Sie führte mich an prächtigen Blumen-Arrangements und Edelholzwänden mit kunstvollen Intarsien vorbei in einen mit dickem Velours ausgelegten Gang. Die Jacht des Aristoteles Onassis konnte nicht eleganter sein.

Meine Kabine war ein Traum in Blau: Blausamten gepolsterte Sitzecke, als Bett eine blauseidengesteppte Kapitalisten- oder Filmstar-Lotterwiese und dahinter ein himmelblaues Badezimmer. Und das zu einem Preis, für den ich ein schlafwagenabteilgroßes Kabinchen erwartet hatte.

Im gelb-rot-samtenen Speisesaal führte mich der Obersteward zu einem Zwei-Personen-Tisch. Auf meine Frage: «Habe ich den Tisch für mich alleine?» antwortete er verschmitzt lächelnd:

«Nein, es kommt noch eine alleinstehende Dame...»

Fünf Minuten lang hatte ich Zeit, mich schönsten Träumen hinzugeben und mir die anderen Schwarzmeerfahrer anzusehen. Es waren hauptsächlich Österreicher, die wohl mal sehen wollten, wo ihre Donau aufhört.

Gespannt wartete ich auf meine alleinstehende Dame. Und da schlug das Schicksal hart zu: Dem Tisch nahte ein blondes Fräulein, für dessen Alleinstehen zahlreiche Gründe anzuführen wären, was mir jedoch der Anstand verbietet. Ich stellte mich vor, aber die Dame ließ sich wortlos auf den Stuhl fallen, griff nach einem Zahnstocher und führte ihn zum Breitwand-Mund, aus dem eine blecherne Stimme drang: *«Senssá aswénn?»*

Was für eine Sprache war das? Dem Klang nach konnte es Persisch sein, aber auch Kutzowalachisch. Ich versuchte es auf französisch: *«Wuh parleh frangssä, madame?»*

Die Antwort war: *«Obs aa aswénn san?»* Die Dame fragte im hintersten ostmärkischen Dialekt, ob ich auch aus Wien sei.

Ein Gespräch war kaum möglich, denn wenn die Ostmärkerin nicht gerade Löffel, Messer oder Gabel im Mund hatte, trieb sie Zahnpflege. Nach der Suppe lagen bereits drei demolierte Zahnstocher auf dem Aschenbecher. Beim Mokka war das Dutzend voll. Ein richtiger kleiner Scheiterhaufen, auf dem ich meine Reisegefährtin gerne verbrannt hätte. Im Angesicht dieser Kleinholzverbraucherin sollte ich vier Tage lang alle meine Mahlzeiten einnehmen!

Nach dem Essen legte ich mich in einen Deckstuhl, um in stiller Beschaulichkeit das Donauufer vorbeiziehen zu lassen. Aber schon nahte Miss Zahnstocher, legte sich zu mir und krähte dem vorbeikommenden österreichischen Reiseleiter zu: *«Onamusi is fad!»*

Wen meinte sie mit dem angeblich faden Onamusi?

Der Berufsbetreuer verstand richtig: Sie meinte, daß es ohne eine Musik fade sei.

Dem wurde abgeholfen. Wenige Sekunden später ertönte über uns eine Maschinengewehrsalve. Sie kam aus dem Backbord-Großflächenlautsprecher, der das nicht ganz geglückte Aufsetzen einer Phonographennadel übertrug. Dann brüllte ein Schnulzentenor den Schlager «Ganz leis erklingt Musik», bis die Rettungsboote in ihrer Aufhängung zitterten. Anschließend kreischte ein sowjetzonales Stimmritzen-

Starlet das Lied: «Küß mich nicht, küß mich nicht, küß mich nicht nur einmal», einen Ost-Schlager, dessen Text jedem Werk des westlichen Unterhaltungssektors das Wasser reichen konnte.

Unter der Musikdusche überlegte ich: Wenn die Nachbarschaft der Zahnstocher-Königin und die Schlagermusik drei Tage lang anhalten, bleibt mir nur der Freitod in den lehmbraunen Wassern der schönen blauen Donau, lange bevor ich das Schwarze Meer sehe. Zu meiner großen Erleichterung baten noch einige andere unmusikalische Passagiere um Ruhe. Die Reiseleitung entschied salomonisch: An Backbord Musik, an Steuerbord Funkstille. Das ließ sich durchführen, weil dazwischen die Kabinen lagen.

So kam es, daß ich nur das rechte Donauufer kennenlernte.

Es war sehr erholsam, stundenlang an grünbewachsenen Böschungen entlangzufahren. Auch die kleinste Abwechslung wurde von den Umsitzenden dankbar begrüßt und kommentiert. Ein ganz dicht am Schiff vorbeifliegender Storch, der alle Passagiere aufmerksam kontrollierte, gab zu vielen feinsinnigen Scherzen Anlaß.

An einer einsamen Uferstelle, hinter der sich die unendliche Weite der Pußta erstreckte, übte auf engstem Raum eine Kompanie Soldaten das Marschieren und Schwenken in Formation und Tuchfühlung. Ein paar hundert Meter weiter trieben ungarische Exportgänse dasselbe, um sich die Zeit bis zum Geschlachtetwerden angenehm zu verkürzen.

Ein sowjetischer Schleppzug mit rotem Stern am Schornstein zog stromaufwärts vorbei. Die Mannschaft winkte uns freundlich zu, denn wir saßen ja auf einem volksdemokratischen Schiff. Die Reaktion der West-Passagiere möge der Leser meiner Zeichnung entnehmen.

Aber nicht nur Schleppzüge zogen an meinem Deckstuhl vorbei, sondern auch ein das Schiff umkreisender Fotoamateur, der von panischer Angst verfolgt wurde, daß womöglich backbord ein Motiv auftauchte, während er mit seiner Linse an Steuerbord weilte. Bei jeder Runde verhielt er einen Moment unter der Kommandobrücke, denn dort saß ein Passagier aus Linz, der seinen Feldstecher nicht von den Augen nahm und allen Mitreisenden stets um fünfhundert Meter voraus war.

Am späten Nachmittag verspürten viele Passagiere den Wunsch, sich etwas Bewegung und damit Appetit zum Abendessen zu machen. Sie setzten sich in Marsch und umkreisten einzeln oder in Gruppen das Promenadendeck. Zunächst blieb ich ruhig in meinem Deckstuhl sitzen. Als aber jeder Vorbeikommende bei jeder Runde glaubte, für mich ein Scherzwort oder einen Gruß fallenlassen zu müssen, gliederte ich mich ein. Am Vormittag war mir das Schiff noch riesengroß vorgekommen. Es wurde immer kleiner. Nach drei Runden Promenadendeck kam eine Art Gefangenen-Psychose über mich, und ich fand gerade noch rechtzeitig die Treppe zur Bar.

Dort gab es russischen Wodka, amerikanischen Whisky, rotchineschen Cognac, französischen Benediktiner und rumänischen Pflaumenschnaps. Auf dem Flaschenregal war die friedliche Koexistenz Wirklichkeit geworden. Wenn das die Flaschen schon schaffen, müßte es den Politikern doch eigentlich auch möglich sein.

Ich bestellte einen Wodka, worauf der Barmann ein mittleres Zahnputzglas bis an den Rand füllte. Auf die Frage, wieviel das sei, antwortete er: «Hundert Gramm!»

Im Osten werden Schnäpse nur nach Gewicht berechnet.

Ich zückte einen der so begehrten DM-Scheine. Der Barmann wich erschreckt zurück. Er darf sie nicht nehmen. Nur der rumänische Reiseleiter hat Wechselberechtigung. Zufällig kam er vorbei. Er wechselte meinen Schein in Bordgeld, kleine weiße Zettel mit der Aufschrift «1 Leu». Zur rechtskräftigen Beglaubigung dieses Tausches mußte er ein Formular in dreifacher Ausfertigung ausfüllen und meine Zollerklärung dahingehend ergänzen, daß der nunmehr fehlende Westmark-Betrag einen legalen Weg ging. Jeder unbefugte Geldwechsel in Leu-Währung kann böse Folgen haben. «Gefährlich ist's, den Leu zu nekken», sagte schon Friedrich Schiller, wenn auch nicht anläßlich einer Balkan-Reise.

Nach dieser mühsamen und zeitraubenden Transaktion zugunsten der rumänischen Staatsbank lud ich den volkseigenen Reiseleiter zu einer Hundert-Gramm-Erfrischung ein. Er nahm dankend an, revanchierte sich aber sofort durch Bestellung weiterer zweihundert Gramm. Der österreichische Touristenbetreuer kam hinzu, wollte auch nicht trokken stehen und bestellte dreihundert Gramm.

So kam es, daß ich kurz vor dem Abendessen über ein halbes Pfund Wodka in den Adern hatte. Mein Promillegehalt ließ mich nun dem gemeinsamen Abendessen mit Miss Zahnstocher gefaßt entgegensehen.

Zum Dessert gab es, wenn ich die Dame recht verstand, Powiderltascherl. Und dazu jugoslawische Zollformulare, die wir nach dem Essen ausfüllen sollten.

Damit war für ausreichende Abendunterhaltung gesorgt, denn man mußte die Nummer des Fotoapparates, die Marke des Elektrorasierers, die Armbanduhr und alle Wertgegenstände mit detaillierter Beschreibung eintragen sowie einen Haufen Fragen über woher, weshalb und wohin sorgfältig beantworten.

Diese Arbeit, hundertgrammweise befeuchtet, ermüdete mich sehr.

Gegen zehn Uhr verkündete der Reiseleiter (West), daß an Schlaf vorläufig nicht zu denken sei, denn die jugoslawische Grenzkontrolle komme nicht vor Mitternacht, erwarte aber, daß alle Gäste in voller Ausrüstung und Bekleidung zur Verfügung stünden.

Wer nämlich glaubt, daß man auf einem volkseigenen Schiff innerhalb des Ostblocks einfach einen Fluß hinunterfahren darf, täuscht

Die «Oltenitza» ist das modernste und schmuckste Schiff auf der Donau – außer bei Hochwasser. Dann muß nämlich kurz vor der Belgrader Brücke das Oberdeck demontiert werden, damit es nicht an der Brücke hängenbleibt.

sich gewaltig. Jedes Anrainerland der Donau spielt Nation, und zwar mit allen Schikanen.

Um die Passagiere wachzuhalten, wurden die Lautsprecher eingeschaltet. Mit dröhnender Tanzmusik fuhr das Schiff durch die Nacht.

Als ein auf Plattenrillen gezogener Bariton das Lied «Unsärä Liebä währrrt, solangä die Ährdä sich dräht» von sich gab, tauchte im Scheinwerferfinger der Kommandobrücke ein Landungssteg mit jugoslawischer Flagge und Sowjetstern aus dem Dunkel auf.

Das Schiff legte an, zwei Offiziere der «Oltenitza» gingen an Land mit Aktentaschen, in denen sich unsere Pässe und Zollerklärungen befanden (doppelt mit der Hand ausgefüllt für Ein- und Ausreise, denn beide Vorgänge wurden gleichzeitig erledigt, obgleich wir weder ein- noch aus-, sondern vorbeireisten). Die Aktentaschen mit unserer Identität verschwanden in der Finsternis.

Musikalisch untermalt warteten wir eine Stunde auf die Rückkehr der Emissäre. Dann tauchten die Offiziere wieder auf und hatten sich inzwischen beträchtlich vermehrt: Sie waren flankiert von jugoslawischen Polizisten und Zollbeamten in schmucken Uniformen. Die ganze Korona bestieg das Schiff, die Trossen wurden losgeworfen, und der

Dieses Bild wurde vom Autor drei Sekunden vor dem Unterfahren der Brücke nach der Natur gezeichnet und zeigt deutlich, wie wichtig es in unserer Zeit ist, den Kopf stets rechtzeitig einzuziehen und nicht zu hoch hinaus zu wollen.

Lautsprecher forderte die Passagiere auf, in den Kabinen auf den Besuch der Beamten zu warten.

Das ließ sich Miss Zahnstocher nicht zweimal sagen und enteilte kichernd.

Eine halbe Stunde saß ich in vorbildlicher Haltung auf dem blausamtenen Sofa meiner Kabine und wartete darauf, daß die Häscher Titos an meine Tür klopften. Es klopfte aber nur der Reiseleiter (Ost), um mitzuteilen, die Kontrolle finde erst am nächsten Morgen statt. Ich fragte ihn, was der ganze Unfug solle, denn wir fuhren doch an Titos Landen vorbei, ohne auszusteigen.

Die Antwort war erstaunlich, aber im staatsrechtlichen Sinne überzeugend: Die Kontrolle ist so sinnlos wie fast alle amtlichen Ausübungen, aber wer Hoheitsrechte hat, will sie auch ausnutzen.

Außerdem wollen die Jugoslawen wissen, was da an Westgeld und Wertgegenständen an ihnen vorbeischwimmt. In irgendeinem jugoslawischen Archiv liegt jetzt ein Formular, aus dem zu ersehen ist, daß ich mit einer Reiseschreibmaschine Fabriknummer 352 141, einem Fotoapparat Fabriknummer 145 382, einem Elektrorasierer und einer goldenen Armbanduhr sowie 500 DM vorbeigefahren bin. Dazu mein

Durchreise-Visum-Antrag mit schlecht getroffenem Foto. Das Wissen, das die Jugoslawen damit haben, ist zwar völlig abstrakt, aber hoheitsrechtlich wertvoll.

Die Kontrollen haben auch noch einen sehr realen Hintergrund: Durch zeitraubende Durchsuchungen wollen die Jugoslawen den Fahrplan des rumänischen Devisenschiffes so lange durcheinanderbringen, bis die Touristen ihr Geld wieder lieber an die jugoslawische Adria tragen. Der Kampf um Westwährungstouristen hat bereits Formen angenommen, die haarscharf am Rande kriegerischer Verwicklungen liegen.

Dem Ernst der geographischen Lage entsprechend, zog ich einen roten Pyjama an. Die erste Nacht an Bord war sehr unruhig, weil an meinem Fenster eine Sirene heulte. (Nicht im Sinne von Wassernixe, sondern von Tute.) Die Fluß-Schiffahrt bei Nacht erfordert viele Signale.

Gegen Morgen wurde ich von krachenden Metallgeräuschen aus dem Halbschlaf geschreckt. Es klang, als ob größere Gußeisenbrocken aufs Schiff regneten. Wollten die Jugoslawen etwa den feindlichen Devisenkreuzer im Sturm nehmen?

Ich zog mich schnell an und kletterte zum Oberdeck hinauf. Vor mir lag ein Trümmerfeld von Schiffseinzelteilen. Das Oberteil des Steuerhauses lag hinter der Kommandobrücke am Boden. Der Schornstein war weg. Die Masten waren geknickt. Ein heilloses Durcheinander von Drähten, Trossen und Decksaufbauten. Dazwischen stand freundlich lächelnd der Kapitän Jakob Nicolescu mit den ewig fröhlichen Schweinsäuglein und dem Bulldoggengesicht.

Er sah meine schreckensbleiche Nase und rief: «Kommt sich niedrigäs Brückä – müssän Schiff klainär machen!»

Die Jugoslawen bauten ihre neue Donaubrücke mit Absicht so niedrig, damit die rumänische «Oltenitza» bei Hochwasser nicht drunter durchkommt. Die rührigen Rumänen waren aber nicht so leicht lahmzulegen:

Mit Schraubenschlüsseln, Hämmern und Zangen hatte die Mannschaft alles, was mehr als ein Meter über das Oberdeck hinausragte, abmontiert. Als wir auf die Brücke zufuhren, hatte ich das Gefühl, die «Oltenitza» sei immer noch viel zu hoch, und zog den Kopf ein. Das Schiff rutschte unter der Brücke durch, zwischen oberem Rand der Kapitänsmütze und der unteren Brückenkante waren noch etwa fünf Zentimeter Luft.

Sofort begannen fleißige Hände, das Schiff wieder auf normale Höhe zu bringen.

Ich fragte den Kapitän, was aus den jugoslawischen Zöllnern geworden sei, denn die Kontrolle hatte immer noch nicht stattgefunden. Strahlend sagte er: «Härrän schlafen noch! Habben ganzes Nacht gestämpält Papierä! Wir sie habän särr gutt bewirtschaftet, damit sind freindlich!»

Die «Bewirtschaftung» der Herren muß fünfhundertgrammweise erfolgt sein, denn als sie gegen 11 Uhr morgens ihre Kontrollarbeit aufnahmen, waren sie außerordentlich freundlich. Sie salutierten vor jeder Kabine mit «Bitte säärr!» und «Danke särr!» Trotzdem verspürten die Westgäste ein leichtes Rückenrieseln, wenn ihnen der rote Stern an den Mützen entgegenleuchtete, denn sie waren durch Filme und anderes daran gewöhnt worden, einen gewissen Uniformschnitt mit dem Bösen schlechthin zu identifizieren.

Kaum hatten die Jugoslawen das Schiff verlassen, da bekamen die Passagiere von der Reiseleitung neue Formulare zum Ausfüllen, natürlich auch wieder in zweifacher Ausfertigung: die bulgarische Zoll- und Devisenerklärung. Sie schlug an Inhaltsreichtum und skurrilen Details das jugoslawische Formular um Längen und war in fünf Sprachen abgefaßt.

Der Reiseleiter (Ost) beruhigte die etwas verwirrten Gäste mit der Mitteilung, die Texte seien nicht so ernst zu nehmen. Und das konnte man wirklich nicht, denn da wurde gefragt, ob man folgende Sachen bei sich habe (ich schrieb es buchstabengetreu ab):

Metalle, Kriegswaffen, Bteubungsmittel, Wertgegenstände wie Musikinstrumente, Ycgdflinten, Fernsehapparate.

Das ließ sich noch verhältnismäßig leicht beantworten, wenn ich auch zwecks wahrheitsgemäßer Ausfüllung der Rubrik «Metalle» ziemlich viel Zeit vor dem Spiegel verbrachte, um meine Goldplomben zu zählen. Schwierig wurde es erst bei der Frage, ob man *eiförmige Gegenstände kaufmännischen Charakters* mit sich führe. Das erforderte langes Nachdenken, wenn man nicht zufällig Waffenhändler war und einen Musterkoffer mit Eierhandgranaten bei sich hatte.

Mit besonderer Sorge erfüllte mich der Passus:

Die sich bei den Reisenden befindlichen Druck- und Handschriften, Pflanzen (Obst und Sämereien), Tiere, Oflügel und Rohmaterialien tierischen Ursprunges müssen einer Untersuchung unterworfen werden.

Mit «Oflügel» war kein Piano, sondern Geflügel gemeint.

Dem Formular nach war zu erwarten, daß die Bulgaren uns an ihrer Landesgrenze mit einer kriegsstarken Kompanie von Schriftgelehrten, Zensoren, Biologen, Tierärzten und Chemikern erwarteten.

Das Ausfüllen der Zollerklärung vertrieb uns angenehm und belehrend die Zeit bis zum Erreichen des landschaftlichen Höhepunktes der Donaureise, dem «Eisernen Tor». Hier frißt sich die Donau auf einer Strecke von einhundertunddreißig Kilometern durch das Gebirge wie ein Abgeordneter durch das kalte Büfett eines Staatsempfangs.

An der Einfahrt zu den gefährlichen Katarakten und Stromschnellen ragt mitten in der Donau, unterhalb der alten Türkenburg, eine Mahnung für alle Ehefrauen steil aus dem Wasser: der Babakai-Felsen.

Hier grüßen bundesrepublikanische Passagiere einen Schleppzug aus Regensburg ...

«Babaikai» ist türkisch und heißt «Ich bereue». Der Felsen trägt diesen Namen wegen eines Liebesdramas, das sich hier während der Türkenherrschaft zutrug.

Auf diesem wasserumtosten Stein setzte der gegenüber residierende Pascha die Perle des reichbestückten Harems aus, seine Lieblingsfrau, die er in flagranti mit einem Hofbeamten ertappt hatte, der bestimmt kein Eunuche war. Sie sollte so lange auf dem Felsen sitzen, bis sie «Babakai – ich bereue!» rief. Widrigenfalls sollte sie nach dem Willen ihres Gatten ebendort bei (und wegen) lebendigem Leibe verhungern.

Aber wie Frauen so sind, sie pfiff auf den legitimen Willen ihres Paschas und stürzte sich appetitlos in den reißenden Strom. Seitdem ist der Babakai-Felsen sozusagen die Lorelei des Balkans.

Die Schiffer und Passagiere der «Oltenitza» ergriff es allerdings nicht mit wildem Weh, als sie vorbeifuhren. Im Gegenteil, des Lachens war kein Ende, als ein fescher Herr aus Wien die kühne Rechnung aufstellte: Das Donaubett wäre bis an den Rand mit Damen gefüllt und nicht mehr schiffbar, wenn alle Lieblingsfrauen so konsequent wären wie jene Haremszierde.

Sechs Stunden dauerte die Fahrt durch die vielen Katarakte und die «Wirbel der Kaiserin».

Abends ging ich früh schlafen, denn laut Prospekt des Reisebüros gibt die Schiffsreise auch Gelegenheit zur Erholung. Leider hatten sich in den Deckstühlen unter meinem Kabinenfenster zwei Ehepaare niedergelassen, die sich unheimlich viel aus ihrem Leben zu erzählen

. . . und hier einen aus Odessa (Sowjetunion). Dazwischen gibt es noch kleine Abstufungen für Satelliten-Schiffe.

hatten. Ich versuchte, mich mit dem schönen Ausspruch des braven Soldaten Schwejk zu trösten: «Da möcht man weit kommen, wenn man hinhören tät, was andere sagen!»

Am nächsten Morgen, als wir uns auf dem Oberdeck sonnten, kam der Reiseleiter mit einer hübschen Überraschung: den Formularen der rumänischen Zollerklärung.

Während wir fleißig schreibend an den endlosen Wäldern rechts und links der unteren Donau entlangfuhren, kam ich zu der Überzeugung, daß die «Oltenitza» binnen weniger Jahre an kahlgeschlagenen Ufern vorbeiziehen wird. Denn bis dahin wird alles Holz in den volkseigenen Papierfabriken zu Formularen verarbeitet sein.

Als das Schiff dann endlich anlegte, waren die Zöllner von einzigartiger Kulanz und wischten alle Formularbeantwortungsbemühungen mit einer Handbewegung beiseite.

Die «Oltenitza» füllte ihre devisenträchtige Fracht in einen Omnibus ab, der seit Stunden in der prallen Sonne wartete und dessen Fenster nicht zu öffnen waren. Drinnen hatte man das Gefühl, in einer Blechbüchse eingekocht zu werden, zum alsbaldigen Verbrauch bestimmt, wie es auf Konserven so schön und geheimnisvoll heißt.

Ein neuer, zusätzlicher Reiseleiter (Ost) namens Nikoloff tauchte auf und verkündete, die Fahrt werde gute drei Stunden dauern. Es waren aber sehr schlechte vier Stunden.

Als der sandfarbene Autobus die Uferstraße am Schwarzen Meer erreicht hatte, nahm Genosse Nikoloff das Mikrophon und klärte uns über die Bestimmung der Prachtbauten auf, an denen wir vorüberfuhren. «Rechts sehen Sie Erholungsheim für Bauarbeiter – und das dort ist Erholungsheim für Lehrer – links Erholungsheim für Regierungsbeamte – vor uns Erholungsheim für Ingenieure – gegenüber ist Erholungsheim für Militär...» Nach allem, was ich während meiner Dienstzeit erlebte, erschien mir das letztere besonders wichtig.

Die nach Berufsgruppen geordnete Erholung ist im Osten allgemein üblich.

Eine halbe Stunde lang fuhren wir an den Spezialisten-Bewahranstalten entlang. Dann kam der «Goldstrand von Varna», wo für den internationalen Fremdenverkehr zweiundvierzig hochmoderne Hotels in eine wunderschöne, hügelige Parklandschaft hineingebaut wurden.

Die Architekten haben hier, auch für westliche Begriffe, Erstaunliches gleistet.

Ein neuartiger Einfall war es, die Restaurants aus den Hotels herauszunehmen, um den erholungsuchenden Gästen das häßliche Geschirrklappern zu ersparen. Die Terrassen-Gaststätten mit Freiluft-Tanzflächen wurden in genau berechnetem Abstand zwischen jeweils zwei oder drei Hotels angelegt, und zwar so, daß kein Zimmer außerhalb der akustischen Reichweite eines mit Übersoll-Stärke blasenden Tanzorchesters lag. Meine Bleibe im Hotel «Rodina» lag so günstig, daß mir bis Mitternacht auch nicht der leiseste Klarinettenton entging. Als ich mich deshalb bei der Empfangschefin beklagte, lächelte sie: «Die jungen Leute haben das gerne – und die alten gewöhnen sich daran!»

Völlig vergreist schlich ich mich davon und konnte gerade noch hören, wie ein Leipziger zu seiner Gattin von der Pleiße (das ist kein Adel, sondern ein sächsischer Fluß) sagte:

«Da gannste mal sähn, wie nervees die Westler schon sind – nich mal die scheene Musik gennse mehr vertraachen!»

Die Betreuung durch das volkseigene Personal war erstklassig. Die Ober zerrissen sich geradezu, um auch den kleinsten kapitalistischen Wunsch sofort zu erfüllen.

Denn es muß leider gesagt werden: Die Sonderwünsche der westlichen Gäste nahmen Formen an, für die einem in der «freien» Welt jeder Ober das Tablett um die Ohren schlagen oder einfach nicht hinhören würde.

Ein Ehepaar aus Köln schickte das ganze Pensionsessen zurück mit der Begründung: «Wir essen nur, was wir gewohnt sind!» Da konnte der Küchenchef lange nachdenken.

Ein Herr aus Linz verlangte vom Reiseleiter, den Baum vor seinem Hotelzimmer absägen zu lassen, denn er hätte ein Zimmer mit Blick aufs Meer gebucht und bezahlt. Die Leute wollten den Bolschewiken anscheinend mal zeigen, was für hohe Ansprüche man im Westen zu stellen gewohnt ist.

Die Promenaden im bulgarischen Varna werden von zarter Hand saubergehalten. Die Dienstbesen sind kurzstielig. Die Straßenpflegerin im Hintergrund brachte aus eigener Initiative einen Stiel an ihrem Besen an. Man kann sie deshalb wohl als echte Pionierin der Arbeit bezeichnen.

Trotzdem zeigten die Betreuer die Zähne nur, um zu lächeln.

Man hat da allerdings höherenorts etwas nachgeholfen: Vor kurzem wurde ein Kellner für ein Jahr zum Straßenbau abkommandiert, weil er einem meckernden westlichen Kapitalisten «Sie Kapitalist!» gesagt hatte. Nun kann er steineklopfend darüber nachdenken, ob es sich lohnt, seine Meinung (und sei es auch die offizielle) zu äußern.

Wenn man bei uns alle unhöflichen Kellner zum Straßenbau abkommandieren würde, hätten wir nur noch Selbstbedienungsrestaurants, aber das beste Straßennetz der Welt.

Ich habe mir am ersten Abend in Varna mit herrlichen bulgarischen Weinen eine gewaltige Bettschwere angetrunken, um der mit Hochleistungsverstärkern arbeitenden Tanzmusik etwas Wirksames entgegensetzen zu können. An der Hotelbar trank ich abschließend noch ein Viertelpfund Pflaumenschnaps. Beim Schlafengehen graute mir bereits vor dem am nächsten Morgen zu erwartenden Kater.

Taufrisch erwachte ich. Kein Brummschädel, keine Brandzunge, kein Schwindelgefühl. Die Erklärung dafür ist sehr einfach: Die Bulgaren haben noch keine vollentwickelte chemische Industrie und müssen deshalb die Getränke naturrein servieren. In wenigen Jahren will man aber nach einem ausgeklügelten Plan den Fortschritt weitertreiben, und dann wird es auch hier für die Trinkfreudigen ein furchtbares Erwachen geben.

Das Schwarze Meer ist so blau wie die Donau braun ist, der goldgelbe Sand ist so fein, daß man ihn ohne weiteres in Eieruhren verwenden könnte, und die Badegäste sind rot oder tiefbraun, je nachdem, wie lange sie schon da sind bzw. woher sie kommen.

Der Strand dient seit Jahren als kilometerlanger Ostkontakt, der vom Verfassungsschutz kaum eingesehen werden kann. Hier preisen Bundesrepublikaner den ostzonalen Brüdern und Schwestern die ewigen Freiheitswerte, nämlich ihre Autos und andere Gegenstände des gehobenen Bedarfs. Leider lassen die Gesprächspartner oft die gebotene Begeisterung vermissen, ja sie kommen sogar mit Gegenargumenten, die aber Gott sei Dank auf einen von der Bild-Zeitung gründlich unfruchtbar gemachten Boden fallen.

Leider mußte ich den gastlichen «Goldstrand» schon am nächsten Tag in aller Frühe verlassen, weil ich beim volkseigenen «Balkantourist»-Reisebüro eine Einzelreise ins rumänische Mamaia gebucht hatte.

Punkt sechs Uhr früh stand ein blitzender Cadillac, der sich bei näherem Hinsehen als sowjetische SIS-Limousine entpuppte, mit westlich livriertem Chauffeur vor dem Hotel.

Die Fahrt war ungeheuer aufregend, denn immer, wenn es auf der bergigen und kurvenreichen Strecke abwärts ging, stellte der Genosse Chauffeur die Zündung ab und kuppelte aus. Mit weitausschlagender Tachometernadel und quietschenden Reifen, wozu in alleräußersten Fällen noch das Quietschen der Bremsen kam, sauste die Funktionärskarosse zu Tal, in den Kurven den letzten Millimeter der Straßenbreite ausnutzend. Diese treibstoffsparende Fahrweise wird vom Staat gefördert, denn die bulgarischen Chauffeure bekommen für niedrigen Benzinverbrauch eine Prämie.

Wenn ich den objektiven Preis einiger Tropfen Sprit mit dem subjektiven Wert meines hier aufs Spiel gesetzten Lebens verglich, erschien mir das letztere wertvoller. Aber der Osten hat da seine eigenen Maßstäbe.

Alle Schandtaten meines Lebens habe ich in diesen vier Stunden abgebüßt. Dann kamen wir an die «Brücke der Freundschaft», die Bulgarien und Rumänien verbindet bzw. trennt, denn die beiden Länder sind sich gar nicht grün. Wenn ich verraten würde, was mir die Bulgaren über die Rumänen erzählten und umgekehrt, fiele womöglich der Ostblock auseinander. Das behalte ich mir noch vor.

Die Bulgaren werden von anderen Nationen oft als «Preußen des Balkans» bezeichnet, was je nach Standpunkt ein großes Lob oder eine schwere Beleidigung sein kann.

Am bulgarischen Brückenende wurde ich ins Zollgebäude geführt und mit überströmender Herzlichkeit gebeten, in einem Sessel Platz zu nehmen, während die umfangreichen Ausreise-Formalitäten erledigt wurden.

Man fragte nach meinen Eindrücken, die natürlich ganz ausgezeichnet waren, um die Abfertigung nicht unnötig zu erschweren. Dann wurde mit dem rumänischen Brückenende telefoniert, ob man dort willens und bereit sei, mich zu übernehmen. Man war es und einigte sich mit der Gegenseite darauf, mich genau auf der Mitte der vier Kilometer langen Brücke auszuhändigen.

Ein rotbesternter Offizier und ein Grenzpolizist mit umgehängter Maschinenpistole stiegen zu mir in die Limousine. Der Stacheldrahtverhau am Eingang zur «Brücke der Freundschaft» öffnete sich, wir brausten los.

Auf den Pfosten genau an der Brückenmitte stieg ich mit vielem Abschieds- und Begrüßungs-Händeschütteln von der SIS-Limousine des bulgarischen staatlichen Reisebüros in die gleiche SIS-Limousine des rumänischen staatlichen Reisebüros um. Ein halbes Dutzend Uniformen salutierte. Die Szene muß von weitem ausgesehen haben wie der Austausch eines enorm wichtigen Spions.

Die Rumänen hatten ihrem Fahrer einen perfekt deutschsprechenden Begleiter beigegeben, der mich von nun an betreuen sollte. Die Betreuung begann am rumänischen Grenzposten mit hundert Gramm Schnaps. Die brauchte ich wegen der überstandenen Fahrt, aber ebenso nötig für die vor mir liegenden Kilometer. Denn auch der neue Fahrer fuhr wie der Teufel, allerdings nicht, um Benzin zu sparen (das haben die Rumänen in genügender Menge), sondern einfach, weil er durfte. In Rumänien gilt eine strenge Geschwindigkeitsbegrenzung. Macht ein Fahrer sich strafbar, reißt der Polizist einen der drei perforierten Abschnitte heraus, die sich in jedem Führerschein befinden. Ist keiner mehr drin, nimmt er den ganzen Führerschein. Die Einfachheit dieser Verkehrserziehungsmethode ist kaum noch zu übertreffen.

Die Höchstgeschwindigkeit gilt aber nicht für die Fahrer des staatlichen Reisebüros, weil fremde Gäste so schnell und so pünktlich wie möglich transportiert werden sollen.

Dank dieser Ausnahmegenehmigung gelangte ich in einem Minimum

Im rumänischen Schwarzmeergebiet Mamaia geben die Hotels jedem Gast ein weißes Laken mit an den Strand. Man kann es schattenspendend in Schräg-, Hoch-, Flach- oder Giebelbauweise verwenden, als Badekabine oder als Segel benutzen, sich drauflegen oder damit abtrocknen. Ein Mehrzwecklaken im besten Sinne des Wortes.

an Zeit mit einem Maximum an Angstschweiß nach Mamaia. Das rumänische Teilstück der roten Riviera unterscheidet sich vom bulgarischen Varna durch seine Wolkenkratzer-Hotels und eine umfassende Bestückung des Strandes mit Großflächenlautsprechern, die den brutzelnden Gast mit Musik und Propaganda berieseln, bis ihm die Noten aus den Poren herauskommen. Viele haben das gern. Trotz angeblich klassenloser Gesellschaft schien mir das Publikum im rumänischen Mamaia etwas eleganter zu sein als in Varna. Ich sah vor meinem Hotel einen amerikanischen Straßenkreuzer vorfahren, dem eine westlich gekleidete Familie entstieg: Mutter mit Petticoat, Wasserwelle und Blumenhütchen, Vater mit Bürstenhaarschnitt, makellosem Hemd, Querbinder und Maßanzug, die Kinder in Bluejeans und grellbunten Buschhemden. Bei näherem Hinsehen stellte sich heraus, daß der Wagen ein Modell «Wolga» war. Und bei näherem Hinhören, daß es sich um arrivierte Russen handelte.

Sie sind sozusagen die Amis des Ostblocks.

So mancher Bundesbürger kehrt aus dem kommunistischen und deshalb sehr preiswerten Urlaub mit dem seltsamen Gefühl zurück, daß er zu Hause nicht immer richtig informiert wurde. Darüber ließe sich allerlei sagen, aber ich werde mich hüten.

Der Gewinn einer solchen Reise liegt vor allem darin, daß dem westlichen Touristen die Erkenntnis dämmert: Im Osten leben auch Menschen, manche sind sogar netter als manche andere.

Aber nicht weitersagen! Sie könnten sonst Unannehmlichkeiten haben.

Pythia, Parnass und Poseidon

Die alten Athener befragten, wie wir alle aus der Schule wissen, vor jeder wichtigen politischen Entscheidung das Orakel von Delphi. Wenn etwas «anlag», wurde ein Regierungsläufer mit präzise formulierten Anfragen zur alten Pythia geschickt. Sie gab dann ziemlich zweideutige Ratschläge, die von den vorchristlichen Politikern so ausgelegt wurden, wie es ihnen gerade in den Kram paßte.

Dieses Verfahren hatte den Vorteil, daß sich die Staatsmänner, wenn's schiefging, immer auf das Orakel herausreden konnten. Es ersetzte in klassischer Zeit das, was man heute «Befehlsnotstand» nennt.

Wer nun als unbefangener Athen-Besucher glaubt, Delphi läge hinter der Akropolis gleich um die Ecke, der täuscht sich gewaltig. Der amtliche Läufer mußte hin und zurück genau dreihundertundsechsunddreißig Kilometer abtraben, wenn er, um nur ein Beispiel zu nennen, mit dem geheimen Staatsakt «alpha 785 923/III betr. Vorbereitung des zwoten Perserkrieges» zum Orakel geschickt wurde.

Während dieser Lauferei dürfte sich manches dringende Problem von selber erledigt haben. Die Strecke Athen–Delphi war sozusagen der antike Instanzenweg, und die Anfragen hatten im wahrsten Sinne des Wortes eine lange Laufzeit.

Ich bin die Strecke abgefahren, um den Ort zu sehen, an dem die Geschichte gemacht wurde, die einst wegen der schwer zu behaltenden Jahreszahlen mein Abitur gefährdete.

In aller Herrgottsfrühe oder, um Homer zu zitieren, «als die rosenfingrige Eos den Pferden des Sonnenwagens das Himmelstor öffnete», brach ich in Athen auf. Eos, die Göttin der Morgenröte (nicht zu verwechseln mit dem für die Nachtstunden zuständigen Eros), trieb mir in der Markthallengegend dicke Staubwolken entgegen, in denen rosafarbene Seidenpapierfetzen herumwirbelten: weggeworfenes Apfelsinenpapier.

Vor mir fuhr ein alter Lastwagen mit Athener Nummer und der Aufschrift: «Michl Spiegel, Fuhrunternehmer, Vilshofen.» Sollte er etwa anno 1830 ins Land gekommen sein, als die Bayern den durch Engländer, Franzosen und Russen von den Türken befreiten Griechen den Wittelsbacher Prinzen Otto als König abtraten? (Das ist eine historische Tatsache, die, wie so viele, nach einem dummen Scherz klingt). Vielleicht war das Fahrzeug aber nur eine Folge des zwischen der Bundesrepublik und Griechenland munter florierenden Altwagenschmuggels.

Die Historie berichtet, in grauer Vorzeit sei die heilige Stätte des

Die Pythia der Börse . . .

... gibt es schon, nur sitzt sie nicht in Delphi, ihr Domizil ist keine Goldgrube und ihre Orakelsprüche werden nicht in Gold aufgewogen, ja, sie lebt nicht einmal im goldenen Westen. Aus «gewöhnlich gut unterrichteten Kreisen» ist zu erfahren, daß die Dame, Barbara mit Vornamen, in der Nähe von Budapest in einer malerischen Rumpelkammer wohnt (falls noch) und Interessenten an den großen Börsenplätzen der Welt postalisch mit delphischen Tips versorgt. So orakelt sie etwa: «In London alle gelben Aktien kaufen» oder: «In New York Aktien verkaufen, die mit T beginnen».

Es ist nicht bekannt, wie groß der Einfluß der Budapythia auf das internationale Börsengeschehen ist, er scheint jedoch erheblich zu sein, denn anders sind plötzliche Kursbewegungen mitunter nicht zu erklären.

PS: Soeben traf ein frischer Tip ein für Kleingläubiger, die Kurssprünge nicht mögen: Kaufen Sie festverzinsliche Wertpapiere, die mit P oder K beginnen. Zur Deutung des Orakels: siehe unten.

delphischen Orakels von dem Drachen Python vor fremden Eindringlingen geschützt worden. Diese Aufgabe erfüllt heute die Straßenbeschilderung.

Nach dreimaligem Verfahren landete ich in einem Ort namens Levadia. Dort hat man den Wegweiser, der zum Linksabbiegen nach Delphi auffordert, direkt an einer Omnibushaltestelle angebracht. Und weil ein parkender Bus das Schild verdeckte, fuhr ich geradeaus weiter und verfuhr mich um runde achtzig Kilometer. Dabei begegnete mir ein Reisebus mit Augsburger Nummer und der Aufschrift «Montmartre-Reisen». Der hatte sich offensichtlich noch mehr verfahren.

An einer wegweiserlosen Gabelung fragte ich einen schafehütenden Griechen «Delphi?» und zeigte dabei auf die linke Abzweigung. Er sagte *«Ne!»*, worauf ich nach rechts abbog, nicht ahnend, daß «Ja» auf griechisch «Ne» heißt. Diese sprachliche Besonderheit macht Berliner Griechenland-Reisenden viel zu schaffen.

Das letzte Stück Weges nach Delphi führt durch eine wildzerklüftete Berglandschaft. Als der Parnass, Wohnsitz der Musen, vor mir auftauchte, hielt ich an. Auf einer kleinen Wiese am Rand der Straße luden buntbemalte, würfelförmige Holzkästen zum Sitzen und zum Betrachten des schönen Panoramas ein. Die bunten Kästen sind aber Bienenhäuser, was jeder Reisende wissen sollte, bevor er sich draufsetzt.

Ich legte mich in den Schatten eines Olivenbaumes. Aus einem Felsen sprudelte eine Quelle, deren Wasser nach Lavendel duftete. Das war der ideale Platz, um in meinem «Handbuch für Griechenlandreisende» zu lesen. Da stand: «In dieser Landschaft spielen die Satyrn mit den helläugigen Nymphen, die für die Quellen, das Blühen der Frühlingswiesen und das Steigen der Säfte verantwortlich sind.»

Während ich vor mich hin träumte, sprang plötzlich eine wunderhübsche, helläugige Nymphe mit ganz kurzem weißem Gewand und aufgelöstem, blondem Haar aus dem Gebüsch, verfolgt von einem bärtigen Satyr in Buschhemd und Bluejeans. Beide hüpften kichernd an mir vorbei und um die Ecke, wo ein Auto mit schwedischer Nummer parkte. Der Satyr gab Gas, die Nymphe schmiegte sich an ihn und mit aufheulendem Motor brauste das Paar über dieselbe Straße davon, auf der einst Ödipus seinen Vater erschlug und dadurch nicht nur die Literatur, sondern auch viele Psychoanalytiker bereicherte.

Ich fuhr weiter auf der lebensgefährlichen, an tiefen Schluchten entlangführenden und mit Haarnadelkurven gespickten Vatermordstraße. Vor einer besonders scharfen Biegung saßen drei schwarzgekleidete alte Frauen am Wegesrand und spannen mit der primitiven, jahrtausendealten Handspindel. Waren es etwa die drei Parzen mit den Schicksalsfäden? Als ich mich umguckte, riß einer von ihnen der Faden ab. Um ein Haar wäre ich vor Schreck in den Abgrund gerollt.

Hoch oben am Berg liegt das Städtchen Arachowa, wo sich die Füchse wirklich gute Nacht sagen. Reihenweise hängen die Fuchspelze, eine der Haupteinnahmequellen des Ortes, vor den Geschäften. Die Felle sind preiswert und ein schönes Mitbringsel. Welche Dame wäre nicht stolz darauf, einen Fuchs am Hals zu haben, der nachweislich um das Orakel von Delphi strich?

An der letzten Steigung vor Delphi stand ein Euklid und kochte. Es handelte sich dabei nicht etwa um einen Nachkommen des Vaters der Mathematik bei der Zubereitung eines Süppchens, sondern um einen Traktor der Marke «Euklid».

Und dann kam Dephi. Es war allerdings nicht zu sehen, denn die Ausgrabungsstätten ziehen sich hinter einem Wäldchen den Berg hinauf. Aber die lange Reihe parkender Reisebusse bewies: Hier mußte es (gewesen) sein.

Ich stieg bergan und fand Anschluß an eine Flugreisegesellschaft, die gerade das Dreieck Kairo–Istanbul–Athen «gemacht» hatte und dauernd Vergleiche zog, was nirgends schwerer ist als hier in Delphi.

Die Gruppe umstand einen etwa drei Meter hohen Felsbrocken, auf dem die Vorgängerin der Pythia, die weise Sybille, gegessen und orakelt haben soll. Sie arbeitete noch ohne Hilfsmittel. Erst mit der Pythia zog der Fortschritt ein, denn sie stellte das Orakel auf Dampfbetrieb um.

Die Stelle, an der die Greisin lorbeerblattkauend auf einem Dreifuß über aromatischen Dämpfen saß, die aus einer Felsspalte quollen, ist nach wir vor Hauptanziehungspunkt für alle Fremden. Der Felsspalt ist weg, der Dreifuß ebenfalls, aber wie gebannt starren die Besucher in die grasbewachsene Mulde hinter dem Apollo-Tempel. Diese Mulde könnte eine Goldgrube sein, wenn man dort für die Fremden eine Wahrsagerin ansiedelte, die gegen entsprechende Vergütung Börsen- und Tototips gibt. Wie ich den modernen Fremdenverkehr kenne, wird diese Neuerung nicht mehr lange auf sich warten lassen.

Mit großem Interesse folgte die bundesdeutsche Reisegesellschaft den Ausführungen des Fremdenführers. Er wies darauf hin, daß die Abgesandten ihre Fragen nicht selber an die Pythia richten durften. Sie mußten zunächst ihre Geschenke abliefern und dann den Priestern des Apoll die schriftlich fixierten Fragen zu treuen Händen übergeben. Die gingen damit zur Pythia und setzten die alte Dame unter bzw. über Dampf, bis sie in Trance geriet. Was die Alte dann murmelte, wurde geschickt zurechtformuliert und bestimmte die Maßnahmen der Politiker. Man munkelt, der Wert der Geschenke sei nicht ohne Einfluß auf die Entscheidungen der Pythia geblieben. Aber Korruption gehört nun einmal zur Demokratie.

Vom Sitzplatz der Pythia ging es hinauf in das antike Theater. Es hat das billigste, aber schönste Bühnenbild der Welt: Die dahinterliegende Landschaft. Sie hat sich seit den Äschylos-Uraufführungen kaum verändert.

Auf der Bühne stand eine italienische Reisegruppe von etwa einhundertfünfzig Personen. Ihr Betreuer benutzte einen Handlautsprecher mit Batterieverstärker, um auch das letzte seiner Schäfchen jederzeit zur Herde zurückrufen zu können. Er brüllte gerade eine sehr hübsche Geschichte auf die Membrane: «Meine Damen und Herren! Im Jahre 1927 wurde hier eine klassische Tragödie neu aufgeführt. Und weil der Dichter am Höhepunkt des Stückes auf ein bestimmtes Stichwort Blitz und Donner verlangte, baute man unter großen Kosten eine hochmoderne Geräusch-Maschinerie ein. Bei der Aufführung brach, auf das Stichwort genau, ein echtes Gewitter los, und alle Zuschauer wurden bis aufs Hemd durchnäßt.»

Niemand wird bezweifeln, daß der alte olympische Zeus da mit einem kleinen und feuchten Scherz beweisen wollte, daß er auch noch da war.

Am Stadion vorbei wanderte ich zu der Schlucht, in der die legendenumwobene Kastalia-Quelle entspringt. Als ich aber erfuhr, daß hier die Lästerer in den Abgrund gestürzt wurden, habe ich mich schnell verdrückt.

Im Museum, das die ausgegrabenen Schätze des Trümmerfeldes beherbergt, drängte sich eine bunte, aber von der Kletterei geschwächte Menge um den berühmten bronzenen «Wagenlenker» und die Marmorstatue des Jünglings Antinous. Letztere hat eine leicht pikante Geschichte, die von einer Fremdenführerin den verlegen lächelnden Besuchern als Museums-Delikatesse serviert wurde. Antinous war nämlich der Geliebte – der Leser möge mir verzeihen, aber er war es wirklich des Kaisers Hadrian. Die sachkundige Dame nannte das diskret *«boy friend»* und wies ausdrücklich darauf hin, daß so eine Liebe unter den damaligen Verhältnissen kein Skandal, sondern normal war. Um die Schönheit seines Jünglings publik zu machen, ließ der Kaiser an die tausend Marmorstatuen nach dem schönen Körper meißeln und überall im Lande aufstellen. So kam es, daß heute jedes bessere Museum seinen Antinous und eine hübsche Geschichte für die Fremdenführer hat.

Es gibt im Museum von Delphi viele Kunstwerke, die schöner als der Hadrians-Ephebe sind. Aber sie haben keine Anekdoten und können deshalb die Touristen-Phantasie kaum beflügeln.

Auf der Heimfahrt wollte ich in Levadia die beiden berühmtesten Quellen des Altertums besuchen, die hier angeblich sprudeln: Die Quelle der Mnemosine, deren Wasser beim Trinken schöne Erinnerungen weckt, und den dunkel brodelnden Lethe-Quell, von dem man sich nur ein Gläschen zu gönnen braucht, um alles zu vergessen. So steht es jedenfalls in den Geschichtsbüchern.

Nirgends in Levadia konnte man mir sagen, wo sich die Quellen befanden. Man hat sie vergessen. Wahrscheinlich wurde die städtische Wasserleitung von einem in der Mythologie unbewanderten Ingenieur nichtsahnend an den Lethe-Quell angeschlossen.

»Der Blick auf die klassisch schönen Proportionen der antiken Kunstdenkmäler darf keineswegs verschandelt werden.« So steht es schwarz auf weiß in einer regierungsamtlichen Verordnung.

Das ließe sich nur erreichen, wenn man die Besucher am Eingang (gegen entsprechende Leihgebühr natürlich) in griechische Gewänder kleidet. Die großartige Wirkung zeigt dieses Bild.

Welch ein Riesengeschäft könnte man aus zwei Quellen mit so gegensätzlichen Eigenschaften machen! (Ob sie die Eigenschaften heute wirklich noch haben, ist nicht wichtig und nur eine Frage der Propaganda.) Man bedenke: Ein moderner Badebetrieb mit Wannen des Vergessens würde goldenen Regen auf Levadia rieseln lassen. Und erst der Flaschenversand! Aber vielleicht liefern die Levadianer schon seit Jahren ihren Sprudel unter einem harmlosen Mineralwasser-Etikett nach Deutschland. Das würde vieles erklären.

An Stelle des nicht auffindbaren Mnemosine-Wassers trank ich einen «Ouzo», den landesüblichen Anis-Schnaps, der in kleinen Mengen Erinnerungen weckt und, in großen Mengen genossen, totales Vergessen schenkt. Das Getränk wurde mir von einer doppelzentnerschweren, watschelnden Wirtin gebracht. Sie hieß Terpsichore wie die leichtfüßige Göttin des Tanzes.

Nach diesem anstrengenden und erlebnisreichen Tag habe ich in einer Athener Taverne ein lorbeerumkränztes Hammelgericht gegessen, Wein aus Rhodos getrunken und hinterher von Satyrn, Nymphen, Pythia, Parzen und Terpsichore geträumt.

Am nächsten Morgen fuhr ich an die Südspitze Attikas, um dort im Angesicht des Poseidon-Tempels zu baden. Unterhalb des Tempels liegt ein supermodernes, dreistöckiges Hotel mit luxuriösem Badestrand. Es wurde kürzlich fertiggestellt, obgleich rund um den Tempel strengstes Bauverbot herrscht, damit der landschaftliche Rahmen des Kulturdenkmals nicht verschandelt wird.

Wie war das möglich?

Griechische Freunde verrieten mir: «Das Hotel wurde von den vier Brüdern, die da oben am Tempel einen Erfrischungsstand bewirtschaften, nachts in aller Heimlichkeit gebaut. Als es dann stand, konnte die Baupolizei nichts mehr machen.»

Ich kenne die Beamten nicht, die das nächtliche Geheimbauen eines dreistöckigen, hundert Meter langen Gebäudes übersahen, nehme aber an, daß sie jetzt ausgesorgt haben.

Nach einem Bad in den blauen Fluten stieg ich hinauf zum Tempel, um dem Meeresgott meinen Dank abzustatten. Der Marmor war über und über mit eingemeißelten Inschriften bedeckt, von dankbaren Touristen mit einfachsten Mitteln eingegraben. Ein Herr E. Deposito beispielsweise hatte 1921 sich und seine Gattin Teresa hier in den Stein gehauen, in dreißig Zentimeter großen und einen halben Zentimeter tiefen Buchstaben. Er muß mindestens eine Woche Tag und Nacht gemeißelt haben, aber dafür wird seine Schrift noch in Jahrhunderten gelesen werden, was nur wenigen ganz großen Dichtern vergönnt ist.

Auf einer der Säulen befindet sich an bevorzugtem Platz der Schriftzug des Dichters Lord Byron, den ich allerdings nicht für ganz echt halte. Ein Lord kratzt sich nicht in Säulen.

Am Kap Sunyon steht der guterhaltene Tempel des Meeresgottes Poseidon. Unterhalb davon kann man sehr schön baden und auf Unterwasserjagd gehen. Obige Szene beweist, daß auch noch so aufgeklärte Damen manchmal verworrene Vorstellungen von der griechischen Mythologie und den Funktionen eines Meeresgottes haben.

Sophia Loren trug mich zum Abendessen

Das hochromantische Dichterwort «Neapel sehen – und dann sterben» ist aus verständlichen Gründen nicht in den Druckschriften angeführt, die den Männern der 6. US-Flotte mitgegeben werden, um sie vor dem Landurlaub mit der italienischen Mentalität vertraut zu machen. Dieser Flottenverband, seit Jahren im schönen Mittelmeer stationiert, ist das Rückgrat des neapolitanischen Straßenhandels mit Whisky, Zigaretten, Feuerzeugen, Taschenlampen, Füllhaltern, Seife und anderen Artikeln des sogenannten gehobenen Bedarfs. (Das ist natürlich nur eine einzige von vielen Aufgaben der das Mittelmeer unsicher machenden Seestreitkräfte, aber sie ist für das soziale Gefüge Süditaliens von enormer Wichtigkeit.) Die regelmäßige Versorgung des Marktes wird garantiert durch den militärisch pünktlichen Turnus, in dem die schwimmenden Einheiten ihre Urlauber am Kai von Neapel anliefern.

Ich hatte das große Glück, Matrosen eines auf Reede liegenden amerikanischen Flugzeugträgers bei der Errichtung eines Brückenkopfes beobachten zu können. Das Vorkommando schaffte zunächst schneeweiße Holzbarrieren an Land, mit denen ein Viereck von etwa zehn mal zehn Meter sauber abgegrenzt wurde. Dann hievte man zwei ebenso weiße und tadellos desinfizierte Mülleimer hoch sowie eine Bretterbude mit fest aufgenageltem Sternenbanner. Die Fahne flatterte früher, wie es sich gehört, an einem Mast im Wind. Da sie aber immer wieder geklaut wurde und die neapolitanische Damenmode entscheidend beeinflußte durch Überhandnehmen rot-weiß gestreifter Kleider, nagelte man sie fest.)

Als die Bude stand, wurde ein Stapel länglicher Drahtkörbe aufs Festland geschafft. Diese Körbe hatten die Form einer unteren Sarghälfte, waren mit Lederriemen versehen und dienen dazu, am Abend die wirklich blauen Jungens wohlverpackt vom Landurlaub zurück aufs Schiff zu bringen. Nachdem alle diese der westlichen Verteidigung (wenn auch nur am Rande) dienenden Geräte tadellos aufgebaut waren, fegten zwei Matrosen den Brückenkopf sauber.

Wie sie das machten, das trieb mir fast die Tränen der Rührung in die Augen: Sie hatten keine Kehrichtschaufel und fegten den Dreck genauso, wie ich es einst in der Kaserne und in großer Zeit gemacht hatte, auf ein Stück Pappendeckel. In diesem Augenblick fühlte ich mich als echter Waffenbruder der Amerikaner.

Während der Landungsvorbereitungen hatten sich um die Barriere herum Pferdekutschen, Eiswagen und ein Haufen geschäftstüchtiger Südländer angesammelt, fest entschlossen, den ankommenden Freiheitsverteidigern jede erdenkliche Hilfe bei der Freizeitgestaltung angedeihen zu lassen.

Wenig später kam die erste Ladung Urlauber an Land.

Zwei Stunden danach wurden bereits in der Via Forcella, dem Schwarzhandelszentrum Neapels, die ersten Gasfeuerzeuge mit eingraviertem Namen des auf der Reede liegenden Flugzeugträgers angeboten. Ob verloren, liegengelassen oder entwendet, darüber gehen die Meinungen auseinander. Ein US-Mariner fand die schöne Formulierung: «Mein Feuerzeug ist mir irgendwo liegengelassen worden», womit dem süditalienischen Ehrgefühl wohl Genüge getan ist.

Als ich von der breiten Via Roma in die enge Via Forcella einbog, war der erste Eindruck: Hier ist soeben etwas Furchtbares passiert. In wildem Gedränge schrien Männer und Frauen aus vollem Hals oder aus übervoller Brust. Alle fuchtelten in höchster Erregung mit den Armen in der Luft herum. Bei näherem Hinhören handelte es sich bei diesem Geschrei nur um ganz gewöhnliche Verkaufsgespräche.

Es gibt nichts, was es hier nicht zu kaufen gibt. Die Via Forcella ist der polizeilich geduldete Umschlagplatz für die geschmuggelten Importe der im Hafen liegenden Schiffe aus Ost und West. In Fachkreisen wird behauptet, Neapel sei der Hafen mit dem größten Transportschwund. Auf den Ständen der Via Forcella liegen amerikanische Zigaretten friedlich neben russischen Papyrossis und Whisky neben Wodka, alles unverzollt. Die Polizei duldet das ungesetzliche Treiben, um es unter Kontrolle zu haben. (So sagen jedenfalls die amtlichen Stellen. Böse und deshalb unglaubwürdige Zungen behaupten, die Kontrolle bestünde in einer Beteiligung. Sehr verbreitet ist auch die Meinung, daß die italienischen Beamtengehälter so niedrig sind, weil der Staat bei ihrer Bemessung die den Polizisten möglichen «Nebeneinnahmen» von vornherein bzw. hintenherum einkalkuliert.)

Ich hätte unter den Augen der auf und ab gehenden Polizisten jede Menge unverzollten Whiskies zu sehr günstigen Preisen kaufen können. Ich tat es nicht wegen des überall kursierenden Gerüchtes, daß die fingerfertigen Händler beim Einwickeln das Paket mit einem gleichaussehenden vertauschen, das nur einen Ziegelstein enthält. Durch diesen kleinen Trick ist eine ausgesprochen niedrige und damit marktkonforme Preiskalkulation möglich.

Laut schreiend kam eine Signora von den Ausmaßen einer wegen Übergröße entlassenen Opernsängerin auf mich zu. Sie bot mir ein Korsett zum Kauf an, aus dem sie erst vor kurzem herausgewachsen war.

Mehrere Minuten lang redete sie pausenlos auf mich ein, ich konnte mich aber nicht entschließen. Da spielte sie ihren großen Trumpf aus und rief: «Haben Sie eine Mutter? Machen Sie ihr damit eine Freude!» Nun glaube ich kaum, daß ein antikes Korsett das richtige Mitbringsel aus der vielbesungenen Stadt Neapel ist. Deshalb retirierte ich in

Die Via Forcella in Neapel bei ruhigem Geschäftsgang.

eine kleine Seitengasse und geriet einem Händler in die Fänge, der mir eines der soeben ganz frisch eingetroffenen amerikanischen Gasfeuerzeuge andrehen wollte. «Wenn eine Weltkrise kommt, gibt es keine Streichhölzer mehr! Decken Sie sich ein!» Ich glaube, daß ich im Falle einer solchen Krise völlig eingedeckt werde und daß dann auch genügend Hitze vorhanden ist, um alle Pfeifen und Zigaretten der Welt anzuzünden.

Ich kaufte ein Päckchen Chesterfield, die sich bei späterem Hinsehen als kubanische Zigaretten in täuschend ähnlich nachgemachter Pakkung erwiesen. Beim Zücken der Brieftasche wurde ich von hinten angestupst. Nun hatten mich italienische Freunde gewarnt, daß ein solches Anstupsen den Fremden zu einer Kopfdrehung veranlassen soll, um dem Mitarbeiter des Anstupsers den Griff nach der Brieftasche zu erleichtern. Mit fest an die Brust gepreßtem Geld drehte ich mich um: Ein kleines, schwarzgelocktes Mädchen von höchstens sechs Jahren bot Nylonstrümpfe an. (Als ich später meiner achtjährigen Tochter davon erzählte, fühlte sie sich um zwei Jahre ihres Lebens betrogen und wollte sofort nach Neapel, um dort Handel zu treiben.)

In der Via Roma fuhr ein chromblitzender amerikanischer Straßenkreuzer mit neapolitanischem Nummernschild vorbei. Im Fond saß ein gepflegter, graumelierter Herr mit dunkler Brille. Wenn mich nicht alles täuscht (und damit muß man in Neapel rechnen), war es der aus den USA ausgewiesene frühere Unterweltkönig und Rauschgiftzar Lukky Luciano, der seinen Wohnsitz in einer feudalen Villa bei Neapel hat. Angeblich steht er unter Polizeiaufsicht. Soweit ich die Verhältnisse im Süden Italiens kenne, kann es ebensogut umgekehrt sein.

Abends wanderte ich zum alten Kastell mit dem von vielen Restaurants eingerahmten Hafen der Fischerboote. Vor mir schaukelte ein weitausladend gebauter Kahn mit dem in Riesenlettern aufgemalten Namen SOPHIA LOREN. Ich bat den Fischer, mich zum gegenüberliegenden Restaurant zu rudern. Man kann auch über die Brücke gehen, aber es ging mir um den zugkräftigen Titel für meine Reportage: Sophia Loren trug mich zum Abendessen.

Das Lokal, zu dem mich Sophia trug, ist bekannt dafür, daß hinten in der Küche die Fische auf vielerlei raffinierte Art in die Pfanne gehauen werden und vorne im Lokal die Gäste. Eigentlich wollte ich eine Muschelsuppe bestellen. Als ich aber aus dem Mund des Obers hörte, daß dieses leicht verderbliche Gericht auf italienisch *«zuppa di cozze»* heiß, sah ich von der Bestellung ab.

Die statt dessen bestellten Scampi waren ausgezeichnet, aber das Essen litt darunter, daß ich andauernd fremde Hände über meinem Teller hatte: Pausenlos einander ablösende Andenkenhändler boten antike Gemmen und Schmuck aus Pforzheim feil. Mein immer wieder vorgebrachter Einwand, ich sei der deutsche Hersteller dieser Waren, fruch-

Süße Puppen winken mit Preisschildern von manchen neapolitanischen Balkons. Es sind Schaufensterfiguren aus Wachs, werbend herausgestellt von Konfektionsgeschäften, die ihre Verkaufsräume im ersten Stock haben.

tete gar nichts. Als mir ein Bauchladenbesitzer eine kleine Mandoline mit eingebauter Spieluhr ans Ohr drückte, aß ich trotz der verlockenden Klänge von «O mia bella Napoli» wortlos weiter. Dadurch sank der Preis des Instruments innerhalb weniger Minuten von viertausend auf sechshundert Lire. Ein guter Tip für Italienreisende: Totales Schweigen drückt die Preise schneller als alles noch so beredte Herunterhandeln.

Beim Dessert hatte ich nicht nur fremde Hände, sondern auch noch einen fremden Teller über dem Teller: Die Musik kam sammeln.

Trotz der späten Stunde blühte noch in allen Gassen der Handel und vor allem auch der Wandel. Elegante Luxuslimousinen rollten mit festlich gekleideten Erfolgsmenschen zu irgendwelchen gesellschaftlichen Ereignissen. Obgleich 98 Prozent der Bevölkerung in ärmlichsten Verhältnissen leben, konnte ich keine Spur von Neid entdecken, wenn so ein reicher Protz vorbeifuhr. Die zerlumpten Mitbürger sahen bewundernd hinterher und schienen sich zu sagen: «Dem ist sicher mal ein ganz großer Betrug gelungen!» Was wahrscheinlich meistens zutraf. Und jeder Arme hofft, daß ihm das auch mal gelingt, ein Beweis mehr dafür, daß soziale Probleme am leichtesten in einer freien Wirtschaft zu lösen sind.

Den letzten Straßenhändler dieses Tages traf ich gegen elf Uhr in einer kleinen Stehbar. Was bot er an? Nichts weiter als Zollstöcke. Wer will um diese Zeit noch was nachmessen? Neapel ist voller Geheimnisse.

Der Taxifahrer, der mich zum Hotel zurückfuhr, raste wie ein Wahnsinniger. Ich sagte ihm: «Sie können langsam fahren, ich habe Zeit!» Seine Antwort: «Aber ich nicht! Die Omnibusse streiken, das muß ich ausnutzen!» Statt der angezeigten 350 Lire nahm er runde 2000.

Vor dem Einschlafen las ich den hochinteressanten Artikel eines italienischen Journalisten, der sich darüber empörte, daß die amerikanischen Filmautoren allen auftretenden Gangstern italienisch klingende Namen geben.

Für die Empörung des Journalisten habe ich Verständnis. Man soll nichts verallgemeinern. Und darum möchte ich alle Leser dieses Berichtes bitten.

Hornstöße in Madrid

«Wenn man schon mal in Spanien ist, soll man sich auch einen Stierkampf ansehen, ob er einem nun Spaß macht oder nicht. Das gehört zur Allgemeinbildung.»

So sprach meine Frau an einem Samstagabend in Madrid, als die ganze Stadt vom *corrida*-Fieber geschüttelt wurde.

Mich schüttelte es auch, und zwar bei dem Gedanken an Blutlachen, die ja bei diesem Sport unvermeidlich sind. Dem Befehl, meine Allgemeinbildung zu erweitern, durfte ich mich jedoch nicht widersetzen und ging gehorsam, aber lustlos zum Hotelportier, um zwei Karten für die Sonntags-*corrida* zu bestellen.

Der Schlüsselgewaltige konnte meinen Wunsch nur belächeln: Seit Tagen waren alle Karten ausverkauft, denn morgen kämpfte der berühmte, einmalige Torero Sowieso.

Erleichtert aufatmend, zog ich mich zurück, aber da rief der Portier mir nach: «Vor der Arena gibt es Schwarzhändler, die haben für Leute mit genügend dicker Brieftasche immer noch ein paar Karten aufbewahrt!»

Das hörte meine Frau und hielt zum erstenmal in unserem gemeinsamen Leben meine Brieftasche für genügend dick.

Ich mußte also mit ihr am Sonntagnachmittag zur Arena hinausfahren. Die sah aus wie ein alttürkischer Gasometer. Vor den Eingängen wimmelte es von Tauromanen. (Das ist kein Völkerstamm, sondern eine fachmännische Bezeichnung für Freunde des Stierkampfes.) Aus der brodelnden Menge ragten in gleichmäßigen Abständen berittene Polizisten heraus.

Ziemlich lange hielten wir vergeblich Ausschau nach einem Karten-Schwarzhändler, denn rund um die Stierkiller-Hochburg gab es keinen Einheimischen, der nicht so ausgesehen hätte.

Schließlich entdeckte meine Frau mit dem urweiblichen Instinkt für alles Illegale in einem Torbogen einen Mann, der unter der diskret vorgehaltenen Jacke Eintrittskarten anbot. Während Madame mit dem schwarzgelockten Karten-Horter verhandelte, hielt ich mich im Hintergrund.

Aus sicherer Entfernung konnte ich nun eine hübsche Pantomime beobachten. Meine Frau zog ein Pesetenbündel aus der Handtasche, die Augen des Händlers weiteten sich plötzlich schreckerfüllt. Nicht weil ihm das Bündel zu klein war, sondern weil hinter dem Rücken seiner Kundin ein Polizist angeritten kam. Blitzschnell steckte der gar nicht stolze Spanier seine Billets ein und flüchtete. Meine Frau, nichts vom

Polizisten ahnend, pesetenschwingend und mit lauten Rufen das Preisangebot steigernd, im Laufschritt hinterher. Jeder andere Ehemann wäre dem Pferd wahrscheinlich in die Zügel gefallen. Ich dachte nicht daran.

Das entsetzte Gesicht meiner Frau, als sie plötzlich einen Pferdekopf neben sich hatte und die Worte vernahm: «Hat man Sie bestohlen, Senora?», werde ich nie vergessen.

Sie blieb stehen und sagte dem Polizisten: «Aber nein, ich wollte Eintrittskarten kaufen!» Wie ein Schulmädchen blickte sie zu dem Mann auf hohem Roß hinauf.

Er drohte mit dem Finger: «Ist schwarrz verrbotten!» und ritt davon.

In mir regte sich neue Hoffnung, nun doch noch um das blutige, wenn auch allgemeinbildende Schauspiel herumzukommen. Aber bereits zehn Minuten später hatte Madame, obgleich praktisch unter Polizeiaufsicht stehend, einen anderen Billethändler aufgetan und zu einem echten Phantasiepreis zwei Karten erstanden. Ich mußte mit.

Wir schoben uns durch ein Drehkreuz und gelangten in einen Umgang, wo ich ganz deutlich Blutgeruch zu verspüren glaubte und deshalb schnell an einer Theke zwei Cognacs nahm. Als wir auf die Tribüne kamen, war die große Parade aller Mitwirkenden, die jeden Stierkampf eröffnet, bereits vorbei.

Schon wurde der erste Stier in die Arena geschoben. Er wurde bestimmt geschoben, anders war die zögernde und zurückhaltende Gangart, in der das tiefschwarze Hornvieh widerwillig zwischen zwei Pfeilern herauskam, nicht zu erklären.

Der Kampfstier hatte offensichtlich den Wunsch, einen beschaulichen Sonntagnachmittag zu verbringen. Er wußte nicht, daß ihm jetzt die Rechnung für mehrere Jahre wirtschaftswunderähnlichen Wohllebens auf den fetten Weiden Kastiliens präsentiert wurde.

Mit dem dümmlichen Blick eines Wählers, der plötzlich merkt: «Das habe ich nicht gewollt!», sah er einige Herren mit scharlachroten Tüchern auf sich zutrippeln. So ein Tuch hätte er gerne einmal gehabt, deshalb versuchte er, eines zu erwischen.

Er rannte auf einen Tuchschwenker los, und mir lief es eiskalt den Buckel herunter bei dem Gedanken, daß ich jetzt womöglich der Einführung eines Hornes in den Unterleib eines *capa*-Schwingers beiwohnen müßte. Einem solchen Schauspiel kann ich, so seltsam es für Stierkampffreunde klingen mag, keinen Reiz abgewinnen.

Der Mann wich aber geschickt aus, und mein Nebenmann, ein Vollblutspanier, erklärte mir: «Die wollen erst mal rauskriegen, ob der Stier ein Rechts- oder ein Links-Stoßer ist. Danach richtet sich später der Torero.»

Daß es in Spanien linksgerichtete Stiere geben darf, beweist die Toleranz des Regimes.

Nachdem es dem Stier trotz eifriger Bemühungen nicht gelungen war, einen roten Tuchfetzen zu erwischen, gab er auf und stellte sich gemütlich mitten in die Arena. Für ihn war der Fall erledigt.

Da hatte er aber nicht mit den Picadores gerechnet, den Feldwebeln der Arena, die pazifistisch gesinnten Stieren Beine machen. Diese mit Lanzen bewehrten Diensthabenden kamen auf schrottreifen Gebrauchtpferden herangetrabt, die zur Tarnung (und wahrscheinlich auf Wunsch des spanischen Tierschutzvereins) mit Steppdecken verhängt waren.

Meine Tierliebe hält sich in normalen Grenzen. Am liebsten mag ich Tiere, die gut zubereitet sind: Enten mit Orangen, Reh in Cumberland-Sauce und alle Schalentiere, die in eine gute Bouillabaisse gehören. Die Lebewesen schmecken mir aber nur, wenn sie außerhalb meines Gesichts- und Gehörkreises umgebracht werden.

Ein Picador ritt auf den Stier zu und versuchte, dessen Wehrfreude durch einen etwa zehn Zentimeter tiefen Lanzenstich in den Nacken zu wecken. Das gilt in Tauromanen-Kreisen noch als liebenswürdige Neckerei. Der Stier hatte aber keinen Humor und wurde böse. Er hielt das Steppdeckenpferd für den Schuldigen an diesem dummen Scherz und drückte es zur Strafe gegen die Barriere, wobei er mit den Hörnern unter der Wattierung herumwühlte, die sich langsam rot färbte. Das Gewühle unter der Steppdecke blieb nicht ohne Folgen, dem Pferd wurde übel, und mir auch.

Ernest Hemingway und viele andere Schriftsteller haben lang, breit und erfolgreich den heldischen Gefühlssalat im Innern von Picadores, Banderilleros und Toreros in blutwarmen Worten geschildert. Was aber im Innern eines (im spanischen Sinne) unsportlichen Zuschauers vor sich geht, wurde bisher nur selten gewürdigt.

Um ganz ehrlich zu sein: In meinem Innern ging es hoch her. Mein Magen wollte nach oben, mein Herz war schon unten, und der Rest wollte so schnell wir nur möglich aus der Arena.

Aber das ging nicht, denn ich saß mitten in einer Reihe vorgebeugter und gespannt in die Arena starrender Tauromanen, die mich wahrscheinlich im großen Bogen in die Arena geworfen hätten, wenn ich auch nur für eine halbe Sekunde ihr Blickfeld verstellt hätte.

Nachdem der Stier das Pferd von unten her geöffnet hatte, sah er sich nach einem neuen Tätigkeitsfeld um. Er glaubte, es in (das «in» trifft hier im doppelten Sinne zu) einem Banderillero zu finden, der kerzengerade dastand und in den hocherhobenen Händen zwei mit bunten Bändern geschmückte Stäbe trug. Der Stier senkte die Hörner, visierte die Intimsphäre des Stabträgers an und nahm schnaubend einen energischen Anlauf.

Eine Zehntelsekunde, bevor die Hörner nach menschlichem und tierischem Ermessen im Banderillero eintreffen mußten, machte ich die Augen zu. Ich wollte es nicht mit ansehen. Beim aufrauschenden Beifall, der doch wohl nur dem gut getroffen habenden Stier gelten konnte, öffnete ich die Augen wieder. Zu meiner großen Überraschung tänzelte der Banderillero mit völlig intaktem Unterleib durch die Arena, während der Stier verdutzt dastand. Die mit Widerhaken versehenen Stäbe staken ihm aufrecht im Nackenfleisch.

Schon stand der nächste Stabsoffizier bereit und lockte den Stier auf sich. Neuer Anlauf, wieder schloß ich die Augen, und wieder stieß der Stier daneben.

Durch das Zumachen der Augen im entscheidenden Moment entging mir das, was angeblich den Reiz des Stierkampfes ausmacht: Die Freude am geschickten Ausweichen im wirklich aller-allerletzten Bruchteil der Zehntelsekunde vor dem Zustoßen.

Meine Frau war von dem Spiel im Sand so gefesselt, daß sie die hin- und hersausenden Hörner nicht aus den Augen ließ. Immer, wenn ich die Augen gerade geschlossen hatte, rief sie begeistert: «Hast du das gesehen? Toll!»

Man kann mir von der Eleganz der Ausweichbewegungen viel erzählen. Aber ich kann keinen ästhetischen Genuß darin finden, wenn zwei Hörner mit etwa zwanzig Zentnern Muskelkraft dahinter einem gesunden Menschen an die Eingeweide wollen.

Der Stier und ich waren die einzigen im weiten Rund, denen die Sache nicht gefiel. Beide waren wir gegen unseren Willen in diese Situation hineingezwungen worden.

Inzwischen war dem Stier ein ganzes Bukett von Widerhakenstäben in den Nackenwulst getrieben worden. Die bunten Bänder daran flatterten fröhlich im Wind, aber trotz dieses schönen Schmuckes hatte das vielfach angepiekte Tier eine Knallwut auf alle und jeden.

Nachdem der Stier nun also den nötigen Dampf für einen farbigen Kampf hatte, trat der Torero auf. Nicht der berühmte, einmalige Sowieso, sondern einer vom Rahmenprogramm.

Er trug die hautengsten Hosen, die ich je sah. Auf den ersten Blick sah es aus, als träge er als einziges Kleidungsstück ein besticktes, kurzes Jäckchen und wäre vom Nabel abwärts nur weiß angemalt. Die Damen um mich herum applaudierten frenetisch.

Und nun ließ der Torero den Stier pausenlos diese engen Hosen angreifen. Fachleute behaupten, der gereizte Stier ginge nur auf das rote Tuch los. Ich glaube aber, ganz deutlich beobachtet zu haben, daß es dem Vieh ausschließlich um die Hosen ging. Viele der umsitzenden Damen schienen auf seiner Seite zu sein. Ihre Blicke glühten, daß man sich daran eine Zigarette hätte anzünden können.

Hier lernte ich die Nerven jener schönen Filmschauspielerin bewundern, die einen berühmten Torero heiratete und dann jeden Sonntag um einiges zu bangen hatte.

Das Publikum wurde warm, der Stier transpirierte beträchtlich bei

Wenn der Stier mit gesenkten Hörnern und dreißig Stundenkilometern Anlaufgeschwindigkeit zum Stoß in die Torero-Hose ansetzt, halten Laien die Augen zu, die Damen den Daumen und alle den Atem an. Wer sich die Augen zuhält, sieht weitaus mehr, als wirklich passiert. Ob die Damen ihre Daumen allerdings dem Stier halten, damit ihm endlich einmal das Aufreißen der Matodors-Beinkleider gelingt, oder dem Torero, damit er intakt bleibt, das läßt sich nur schwer feststellen.

seinen vielen vergeblichen Anläufen, und ich wischte mir den Angstschweiß von der Stirn. Hätte der Torero nur halb so viel Angst um sich gehabt wie ich um ihn, wäre er schreiend aus der Arena gelaufen.

Die Ausweichbewegungen des Stierkämpfers, so hörte ich von meinem Nachbarn, gehen nach einem ganz bestimmten Ritus vor sich. Kenner lassen sich eine geschickte Gesäßdrehung des Toreros wie eine Delikatesse auf der Zunge zergehen. Aber mir sagte diese Millimeterarbeit nicht viel.

Nachdem der Torero ein mir endlos erscheinendes Programm von Ausweichvarianten vorgeführt hatte, zog er seinen Degen, der bis dahin diskret unter dem roten Tuch verborgen war, und stach zu. Nur der Griff guckte noch aus der Stierschulter heraus.

Der dampfende Koloß ging aber nicht etwa in die Knie, sondern trottete, eine Blutspur ziehend und einen Ausgang suchend, an der Barriere entlang.

Das Publikum gab laut und pfeifend seinem Mißfallen Ausdruck, denn bei fachmännisch ausgeführtem Degenstoß muß der Stier sofort tot zu Füßen des Toreros liegen.

Immer langsamer ging der Stier, und dann brach er endlich zusammen, bewegte sich aber immer noch. Ein geschäftiges Männchen kam heran, in der linken Hand ein kurzes Messer, in der rechten einen Hammer. Mit einem geschickten Schlag trieb er dem verständnislos dreinblickenden Stier das Messer ins Gehirn.

Mir wurde übel, ich mußte hinaus.

Meine Frau fragte: «Hast du irgend etwas Schlechtes gegessen?»

Ich sagte: «Mir reicht's! Wir treffen uns im Café gegenüber...»

Im Umgang der Arena trank ich sofort einen doppelten Cognac. Und gegenüber im Café noch einen.

Wie sollte ich mir jetzt fünf Stierkämpfe lang die Zeit vertreiben? Denn daß meine Frau bis zur letzten Stierleiche blieb, war absolut sicher.

Ich bummelte in den Seitengassen herum. Da bot mir ein sogenannter «wilder» Schuhputzer seine Dienste an. (In der spanischen Demodiktatur sind auch die Schuhputzer organisiert und tragen sogar Uniformen. Ihre schlimmsten Feinde sind die «wilden», unorganisierten Schuhputzer, die ihr glanzvolles Gewerbe ohne Lizenz ausüben.)

Meine Schuhe hatten es nötig, denn wer im Hotel seine Schuhe abends vor die Tür stellt, erweckt beim Personal nur den Eindruck, daß er seine Fußbekleidung nachts nicht gerne bei sich im Zimmer hat. Geputzt werden die Schuhe nicht.

Um die freie Marktwirtschaft zu fördern, stellte ich meinen rechten Fuß vor einem Korsettgeschäft auf den Schemel des «Wilden». Der krempelte zunächst seine Ärmel hoch und dann meine Hosenbeine, bis kurz unters Knie. Ich stand da wie bei Hochwasser. Schöne Spanierinnen kamen vorbei und warfen verächtliche Blicke auf meine Waden, die nicht mehr das sind, was sie einst waren. Geniert las ich Zeitung, während der Putzer aus einer etikettlosen Flasche eine ölige, dunkelbraune Flüssigkeit über meine hellen Schuhe goß. Dann sprang er plötzlich auf und flüsterte: «Wir müssen hier weg! Da hinten kommt ein Polizist! Ich habe keine Lizenz!»

Wir flüchteten gemeinsam. Das hatte mir nach den Aufregungen des Stierkampfes gerade noch gefehlt. Mit meinen Hochwasserhosen und triefenden Schuhen stelzte ich dem Illegalen nach in einen dunklen Hausgang. Dort setzte er seine Arbeit fort, ohne Unterlaß seine Notlage schildernd: Zu Hause warteten ein gutes Dutzend Kinder, mehrere Tanten, kranke Großmütter und sitzengelassene Schwägerinnen auf das Brot, das er aus meinen Schuhen herauszubürsten hoffte.

Da merkte ich plötzlich, daß er mit einer Zange an meinem linken Absatz herumoperierte. Ein Ruck – und er hielt ihn mir unter die Nase: «Absatz nix gutt!» Er hatte, welch ein Zufall, bessere Absätze vorrätig. Ich mußte mich umdrehen und wurde wie ein Pferd neu beschlagen.

Als er den ersten Nagel drin hatte, kam die Portiersfrau kreischend aus ihrem Verschlag und wollte keine illegale Schuhputztätigkeit in ihrem Hausgang dulden. Wir mußten unsere Zelte abbrechen und fanden Asyl in einer Toreinfahrt. Dort überredete mich der ambulante Schuhbehandler unter ständigem Hinweis auf seine am Hungertuch nagende Familie zum Kauf gleitsicherer Regensohlen, die er, welch ein Glücksfall, ebenfalls in meiner Größe bei sich hatte. Mit meinen Ledersohlen würde ich unweigerlich beim nächsten Regen ausrutschen und mir die Knochen brechen. Ich drehte mich zur Wand und bekam die Dinger untergenagelt.

Dann verlangte er für seine Tätigkeit einschließlich Kleinmaterial und Ersatzteile einen Preis, für den man in Spanien zwei Paar neue Schuhe bekommt. Ich handelte ihn auf ein Paar herunter und setzte mich wieder ins Café, um das Ende der Stierkämpfe abzuwarten. Aus der Arena kam eine Welle brünstiger Schreie. War endlich einmal auch dem Stier ein Stoß gelungen? Es klang so.

Ich sah mir die renovierten Schuhe von unten an. Auf den Sohlen meiner Schuhgröße 43 waren Gummisohlen der Kindergröße 37 provisorisch angeheftet. Mit einem einzigen Ruck waren sie mühelos zu entfernen.

Der betrügerische Schuhputzer war natürlich ein Sonderfall und mit Recht nicht amtlich lizenziert. Ich will mit diesem Bericht keinesfalls die spanische Ehre antasten. In Spanien geht es nämlich im allgemeinen ungeheuer korrekt in allem zu, was die Ehre angeht. Das konnte ich am Nebentisch beobachten, wo einige Spanier würfelten. Die Würfel befanden sich in einem durchsichtigen, hermetisch verschlossenen Kunststoffbehälter von Form und Größe einer Käseglocke. Der Spieler, der dran war, faßte den Griff und schüttelte den ganzen Behälter. So war jede Manipulation, die natürlich allen Spielern fernlag, vollkommen ausgeschlossen. Die Ehre blieb unangetastet.

Endlich strömte die Menge aus der Arena.

Mit leuchtenden Augen, aber ohne Hütchen und Handschuhe, kam meine Frau über die Straße. Beides hatte sie, dem Beispiel der Spanierinnen folgend, dem Star-Torero in die Arena geworfen.

«Da hast du aber was verpaßt! *Das* war ein Torero! Man hat ihm die Ohren abgeschnitten!»

Nach allem, was ich vorher in der Arena gesehen hatte, wunderte mich das nicht. Wenn er abstehende Ohren hatte, war der Torero vielleicht sogar froh darüber. Aber dann erfuhr ich, daß der Matador als höchste Ehrung die Ohren des Stieres (oder eine Uhr, genau wußte meine Frau das nicht mehr) als Andenken bekam. Wie hübsch muß es bei Stierkämpfern zu Hause sein, wenn alle Wände Ohren haben!

Auf dem Heimweg führten wir eine erregte Diskussion über den Reiz des Spieles mit der Gefahr. Der Einwand, daß mein Bedarf an solchen Spielen seit Jahren von den Politikern reichlich gedeckt wird, wurde nur belächelt. Und was den vielgepriesenen Nervenkitzel betrifft: An meinen Nerven ist in den letzten Jahrzehnten von amtlichen Stellen so viel herumgekitzelt worden, daß ich heilfroh bin, wenn man die hochempfindlichen Stränge in Ruhe läßt.

Soviel über den Stierkampf.

Genaueres kann man bei seriöseren Schriftstellern nachlesen.

Lange Nacht am Ankerplatz der Freude

Die muskel- und redegewaltigen St. Pauli-Türsteher, die in idealer Weise die klassische Forderung nach einem gesunden Geist in einem gesunden Körper erfüllen, haben nichts mehr zu lachen. Das Hamburger Amt für öffentliche Ordnung verbot ihnen, sich mehr als einen Meter von ihrem Lokal zu entfernen, die Passanten anzufassen oder gar mit sanfter Gewalt in die Stätten des Frohsinns hineinzuzerren.

Kurz nach Erlaß des Verbotes wurden binnen einer Woche neunzehn Portiers wegen Mißachtung dieser Vorschrift zu insgesamt 8200 Mark Geldstrafe verdonnert, obgleich ihr Einkommen (pro Nase) das Gehalt eines Oberstudienrates kaum übersteigt.

Eine der Vergnügungsindustrie schlecht anstehende Trauer kam über die Betroffenen. Zumal dasselbe hanseatische Ordnungsamt bereits vor Jahresfrist den Wirten das Verprügeln von geneppten und zahlungsunfähig gewordenen Gästen streng untersagt und in besonders schweren Fällen sogar mit Konzessionsentzug geahndet hatte.

Nachdem das Gaststättenpersonal am sogenannten «Ankerplatz der Freude» hin und wieder kräftig zugeschlagen hatte, schlug nun also auch die Obrigkeit zu, um dem Werbeslogan «St. Pauli ist für alle da» Geltung zu verschaffen.

Wie hat das so häufig daniederliegende und in vielen Fällen auch noch horizontal verbundene Amüsiergewerbe (manche Gastronomen betreiben fünf bis zehn Lokale gleichzeitig) diesen harten Eingriff in das freie Unternehmertum überstanden? Schlägt das immer wieder so laut besungene «Herz von St. Pauli» noch? Hatten die behördlichen Maßnahmen gegen den Nepp Erfolg?

Um das zu erkunden, besuchte ich einen repräsentativen Querschnitt der 289 konzessionierten Nachtlokale.

Wo die Reeperbahn ihren Anfang nimmt, steht ein zwanzigstöckiges Hochhaus, an dessen Fassade in großen Lettern zu lesen ist: «Vereinigte Leben». Am Eingang eines Straßenzuges, der so zahlreiche Möglichkeiten zur Ausübung von Lastern bietet, ist dieser Name einer Versicherungsgesellschaft nicht ohne pikanten Hintersinn.

Wenige Schritte weiter findet der Freude-Suchende eine Buchhandlung, die sich auf richtungweisende Werke über alle mit der praktischen Liebe zusammenhängenden Fragen spezialisiert hat. Im Schaufenster liegen Bücher mit so vielversprechenden Titeln wie «Ich war so eine!» (Vergriffen), «Wenn junge Mädchen JA sagen» (antiquarisch) und «Die vier Schlüssel zu beglückendem Liebesleben» (Wieso *vier*?).

Während ich sinnend vor dem Laden stand, rief mir der Portier eines Nachtlokals zu: «Das ist doch graue Theorie, Herr Konsul! Hier bei mir kriegen Sie alles in natura geboten!»

Obgleich ich weiß, daß heutzutage der Titel «Konsul» keine Garantie für Vornehmheit ist, fühlte ich mich doch geschmeichelt und lieh dem Mann mein Ohr, was er weidlich ausnutzte. In seinem Redeschwall wimmelte es von «Klassefrauen», und als er darauf hinwies, daß in diesem Moment Anfang und Beginn sensationeller Damenringkämpfe sei, ließ ich mich durch die Eingangstür schieben.

Ein Geschäftsführer und zwei Kellner begrüßten mich ungeheuer herzlich. Sie ließen sofort meinen Mantel verschwinden und führten mich in das nur schwachbesetzte und noch schwächer beleuchtete Lokal. Einem Stuhl, den man mir in unmittelbarer Nachbarschaft eines Sektkühlers unterzuschieben versuchte, wich ich geschickt aus und ging an die Bar.

Der auf der Bühne abrollende Damenringkampf war ein Kinderspiel gegen die Bemühungen der Bardame und eines Animierfräuleins, mir eine Runde Whisky abzuringen. Mein klares «Nein» traf die Nachtlebensgefährtinnen tief ins ziemlich offen getragene Herz. Ihre Stimmung sank auf den Nullpunkt, und deshalb ging ich bald wieder.

Beim Weiterbummeln ließ ich mir von jedem Portier genauestens erzählen, was er zu bieten hatte. Ausnahmslos versprachen sie mir die schönsten Mädchen aller Rassen und Kontinente.

Ein besonders geheimnisvoll tuender Türsteher flüsterte: «Bei uns arbeitet heute eine dolle Amateurin, eine Krankenschwester, die einen ganz rasanten Strip vorführt!»

Ein Beweis mehr, wie dringend dieser Berufsstand eine Aufbesserung seiner kargen Bezüge benötigt.

Die wegen Anfassens von Passanten verhängten Geldstrafen steckten den Portiers sehr in den Knochen. Nur einer übertrat das Verbot. Genau gesagt, er überspielte es mit einem genialen Trick, indem er meinen Arm packte und ausrief: «Fallen Sie nicht, Herr Direktor!» Auf dem Pflaster lag eine Bananenschale, und man darf wohl annehmen, daß sie ein mit Vorbedacht ausgelegtes Requisit das Anreißers war. Ohne den Klammergriff zu lockern, flüsterte der Pfiffikus: «Ein Lokal mit splitternackter Bedienung!»

Das war wirklich ein noch nicht dagewesener gastronomischer Einfall. Stets aufgeschlossen für alles Neue, ließ ich mich eine mit vielen bunten Glühbirnen geschmückte Kellertreppe hinunterführen.

Der Portier schob mich in einen abgedunkelten Raum, aus dessen Tiefen ein weißleuchtender Mini-Slip und ein Kürzesthemdchen, auch «Shortie» genannt, auf mich zuschwebten. Beim Näherkommen komplettierte sich die Schwebewäsche zu einer etwas pummeligen jungen Dame, die mich bei der Hand nahm und zu einem Garderobenständer führte. «Steck deine Handschuhe gut ein», sagte sie, «sonst schimpft Mutti morgen!»

Die fürsorgliche Betreuerin ließ sich in der Nische einer romantischen Pappmaché-Grotte neben mir nieder. Ein zu meinem Erstaunen völlig bekleideter Ober wuchs aus dem Boden. Ich bestellte mir ein Bier. Daraufhin deponierte die prozentsüchtige Shortie-Trägerin ihre Hand «saugend und schraubend» auf meinem Knie, um durch Direktübertragung körperlicher Wärme die Spendierfreudigkeit zu wecken. Als das nichts fruchtete, schritt sie zum Podium und betätigte eine Taste des Musikautomaten. Zu den Klängen des Seemannsliedes «Mutter, vergiß mich nicht» absolvierte sie mit ihrer bescheidenen, nur zweiteiligen Textil-Ausstattung eine Strip-Nummer.

Nach der gezielten Zurschaustellung ihrer Reize kam sie wieder an den Tisch zurück und fand mich weiterhin spendierunwillig. Das traf die Stripperin so sehr in ihrer Berufsehre, daß sie mich abseitiger Neigungen bezichtigte und sich einem neuen Gast zuwandte, der mit leichter Schlagseite hereinkam und zum Ausnehmen reif war.

Aber schon bekniete mich die nächste Animier-Schöne und biß sich die Zähne an meinem Geiz aus.

Ähnliches erlebte ich mit kleinen Variationen in diversen anderen Etablissements der Sex- und Nepp-Kategorie. Als Faustregel gilt: Wer die Animierdame nicht einlädt, findet keine Fröhlichkeit, und wer sie einlädt, muß die aufkommende Fröhlichkeit so teuer bezahlen, daß sie ihm gleich wieder vergeht.

Was wird nun in diesen Unterhaltungsstätten außer den Zudringlichkeiten der Konsum-Heberinnen geboten? Strip-tease, Strip-tease und noch mal Strip-tease, dazu manchmal Sittenfilme, die den nackten Menschen in der Bewegung und meistens in strömendem Regen zeigen, denn die Filme sind durch langjährige Laufzeit stark mitgenommen.

Ein logisch denkender Wirt, der vor einiger Zeit am Eingang seines Lokals ein Plakat mit der Ankündigung «Hier sehen Sie Schweinefilme» befestigte, an der Kasse 7 Mark Eintritt verlangte und den ohne plausiblen Grund ziemlich enttäuschten Gästen einen Kulturfilm über die Schweinezucht vorführte, wurde mit 10 Mark Ordnungsstrafe belegt. Meiner Meinung nach völlig zu Unrecht.

Das konzentrierteste Programm bot ein düsterer «Klub» im ersten Stock eines Hauses auf der «Großen Freiheit». Links vom Zuschauer hing eine Leinwand, auf der ein total verregneter Film mit sich verklemmt bewegenden Freikörperkultur-Anhängern beiderlei Geschlechts flimmerte. Rechts davon stand ein Podium, auf dem sich eine völlig lustlose Textilien-Abstreiferin produzierte. Dieser doppelte Beschuß der Sinne konnte nur für Leute gedacht sein, die mit dem einen Auge nach links und mit dem anderen gleichzeitig nach rechts zu blicken vermögen.

GINA
SITTEN-FILME
ODROM
ÜHLE

Alle als Kapitäne verkleideten Türsteher von St. Pauli, die nachtlebenshungrige Bummler in ihre Etablissements zu locken versuchen, sind Meister der Redekunst und gelernte Illusionswecker. Äußerst bildhaft schildern sie die (angeblich) nur mit dem Verzehr eines (angeblich) preisgünstigen Glases Bier verbundenen paradiesischen Freuden, die (angeblich) drinnen auf den Gast warten.

Die «Sex-Intim», «Pikanterie» und ähnliches im Aushängeschilde führenden Unternehmen waren fast alle schwach besucht. Ich erlebte nur ein einziges bummvolles Cabaret, wo kein Apfel zur Erde fallen konnte. Diesen guten Zulauf verdankt der Wirt seinem intensiven Studium der einschlägigen Gesetze, die unter anderem einen Strip mit zwei lebenden Personen verbieten. Hier sah der findige Gastronom eine Gesetzeslücke, schlüpfte hinein und entdeckte eine Goldgrube.

Er stellte hinter eine von rückwärts angestrahlte Leinwand eine männliche, lebensgroße, korrekt gekleidete Schaufensterpuppe. Eine versierte Stripperin, eingehüllt in nichts als die Klänge einer Hammondorgel, spielte mit dieser (bald nicht mehr korrekt gekleideten) Puppe ein Spiel, das genauso alt ist wie die Menschheit.

Dem Publikum blieb bei diesen Schattenspielen, das kann ich glaubwürdig versichern, nichts, aber auch gar nichts erspart.

Frenetischer Beifall dankte der Künstlerin für die überaus bildhafte Gestaltung zwischenmenschlicher Beziehungen. Sie kleidete sich wieder an und ging an die Bar, um dort animierend und umsatzsteigernd tätig zu werden. Da zog ihr ein erfolgreich animierter Herr den Reißverschluß am Rücken auf und erntete eine schallende Ohrfeige. Ein so anständiges Mädchen war das.

Mein Bedarf an dem, was auf der Reeperbahn als prickelnder Sex bezeichnet wird, war gedeckt.

Immerhin hat man mich nicht ein einziges Mal geneppt. Ich war aber den größten Teil der Zeit vollauf damit beschäftigt, getränkelüsterne Alleinunterhalterinnen abzuwehren und behaupte: In St. Pauli wird nur geneppt, wer *will*. Wobei das «will» allerdings eine ziemliche Spannweite hat.

Vom Nackedei-Angebot übersättigt, wandte ich mich nun den gutbürgerlichen Vergnügungsstätten zu, in denen es weder Nepp noch Animierdamen gibt.

Zu dieser Kategorie gehört jene Hochburg bajuwarischer Fröhlichkeit, die den Bewohnern und Gästen der «Waterkant» ein von Januar bis Dezember währendes, durchgehendes Oktoberfest bietet.

Am Eingang wurde gerade einem stark schwankenden Freudesucher vom hünenhaften Portier der Zutritt verweigert. Der wegen Volltrunkenheit Abgewiesene beschimpfte den Türsteher: «Dich sollte man dschah anspucken, Du Bayer!»

Das war dem Bayern-Lokal-Torhüter, der natürlich waschechter Hamburger war, zuviel.

Ohne die Arme hochzunehmen, ging er auf den Beleidiger zu, machte eine kaum sichtbare Bewegung mit dem gewaltigen Brustkorb, und schon lag der Störenfried drei Meter weiter auf dem Pflaster. Die Lust, in dieser Filiale der Isar-Metropole Freude und Entspannung zu suchen, war dem so brüsk abgewiesenen Gast vergangen. Laut schimpfend und fest versprechend, niemals mehr seinen Urlaub in Bayern zu verbringen, entfernte er sich.

Drinnen herrschte echte Bierzelt-Stimmung. Die in bayerische Landestracht und formtreibende Mieder gepreßten Heben sprachen reines Hamburgisch. Man tanzte zu den schneidigen Klängen des bayerischen Defiliermarsches, und an der Wand fand ein ölgemaltes, durch Lichteffekte überhöhtes Alpenglühen statt.

Der große Schriftzug über der Bühne «Schaug', daß d' in Schwung kimmst!» wurde wohl von einem Hamburger Übersetzungsbüro für orientalische Sprachen verfaßt. Im südlich der Main-Linie gebräuchlichen Idiom bedeutet der Satz soviel wie «Mach, daß du wegkommst!» Und das tat ich bald.

Nächste Station war das berühmte, auf «Damenwahl» spezialisierte Ballhaus, dessen seriöser Portier mit großer psychologischer Erfahrung jede Besucherin abweist, deren Äußeres gewerbliche Absichten durchschimmern läßt. (Solche Klientinnen werden in einem wenige Häuser weiter befindlichen Tanz-Café gern gesehen, das bei liebebedürftigen Einzelgängern einen Ruf wie Donnerhall hat. Es liegt in unmittelbarer Nachbarschaft eines Ladens, dessen Fassade in großen Lettern «Scherzartikel für Erwachsene» anpreist.)

Die Atmosphäre des Damenwahl-Ballhauses ist ungeheuer gepflegt. Kronleuchter und luxuriöse Tischlampen verbreiten so viel Licht, daß man sogar die Preise auf der Getränkekarte deutlich lesen kann, ein auf der Reeperbahn nur selten gebotener Vorteil. Wie solide das der Kontakt-Aufnahme reiferer Jahrgänge geweihte Haus ist, beweist am besten der die Weinkarte schmückende Satz:

«In zu starker Kühlung des Weines wird am meisten und am schwersten gesündigt.»

Als die Tanzmusik einsetzte, erhoben sich überall im Saal die Damen und marschierten los.

Etwas bekniffen und voll hochgespannter Erwartungen saß ich auf meinem Stuhl, jeden Augenblick gewärtig, von einer Kennerin männlicher Schönheit aufs Parkett gebeten zu werden.

Man ließ mich sitzen, und das dreimal hintereinander.

Diese weibliche Interesselosigkeit war noch viel unangenehmer als alle vorher durchlittenen Zudringlichkeiten. Ich lernte die Qualen eines Mauerblümchens kennen und fühlte mich sozusagen Dame. (Es gibt im Bannkreis der Reeperbahn mehrere Gaststätten, wo sich die Herren noch weit mehr als Dame fühlen, und wieder andere, wo es genau umgekehrt ist. Die dort herrschende wohltemperierte Atmosphäre zu schildern, würde das Blatt sprengen, das ich jetzt notgedrungen vor den Mund nehmen muß.)

Und nun komme ich zu einem der seltsamsten Phänomene des «Ankerplatzes der Freude»: Soviel freudlose, deprimierte, ja verzweifelte Gesichter habe ich noch nie in meinem Leben auf einem einzigen Quadratkilometer gesehen. Einen halbwegs zufriedenen Gesichtsausdruck zeigten nur die malaiischen Schrumpfköpfe, das Stück zu 48 Mark, die im Schaufenster eines Ladens mit Seemanns-Mitbringseln schön aufgereiht auf einer Leine hingen.

Am weitesten verbreitet war der umnebelte, glasig apathische Trauerblick in den «Köhm-Inseln», den in allen Nebenstraßen verstreut liegenden Kleinst-Kneipen. Man trifft dort zwischen typischen Unterweltsgestalten auch Seeleute, muß aber mit vom Alkohol verursachten kleinen Mißhelligkeiten rechnen.

Als ich mich gerade gemütlich auf einem Bierbar-Hocker niedergelassen hatte, und die Musikbox mal wieder das Lied «Herz von St. Pauli» anstimmte, fuhr mein etwas lichtscheu aussehender Nachbar seiner nicht viel vornehmer wirkenden Dame mit den Worten «Halt den Sabbel!» über den Mund, und zwar mit der flachen Hand, daß es

Stimmungsbild um drei Uhr früh am «Ankerplatz der Freude».

nur so knallte. Dann wischte er wütend zwei Glas Bier von der Theke, die sich auf meinen Mantel ergossen. Freundlich sagte ich: «Macht nichts, das gibt keine Flecken!»

Genau das hätte ich nicht tun sollen.

Die vorher so rauh zur Ordnung gerufene Schöne trocknete ihre stark blutende Nase und animierte den Kavalier: «Hau ihm eine in die Schnauze!»

Jeder, der weiß, wie kostspielig heute ein guter Zahnersatz ist, wird meinen schnellen Rückzug nicht als Feigheit auslegen.

Ich bummelte die Kastanienallee entlang, deren Trottoir schon seit langem nicht mehr mit Kastanien bestanden ist, sondern mit vielen weiblichen Kleingewerbetreibenden, die theoretisch eigentlich der Gewerkschaft «Öffentliche Dienste und Verkehr» angehören müßten.

Eine im Wartestand befindliche Blume der Gosse lehnte suggestiv an einem Mülleimer, auf dem ein leerer Rattengiftkarton lag, mit der weithin lesbaren Aufschrift «Fertigköder».

In einer zum Hafen hinabführenden, sehr einsamen Nebenstraße kam mir auf der gegenüberliegenden Seite ein bärenstarker Seemann schwankend entgegen. Plötzlich blieb er stehen und rief herüber: «Nimm den Hut ab!»

Wegen des eisigen Ostwindes erlaubte ich mir die Frage: «Warum?»

Langsam und wortlos steuerte der Hüne auf mich zu und sagte noch einmal drohend: «Nimm den Hut ab!»

Mit Angst im Nacken und kaltem Schweiß auf der Stirn tat ich ihm den so nachdrücklich verlangten Gefallen. Daraufhin schlingerte der unheimliche Nachtbummler wortlos an mir vorbei.

Als er außer Sichtweite war, habe ich meinen Hut schnell wieder aufgesetzt und die nächste Kellerkneipe aufgesucht, um mich von dem Schreck bei etwas Hochprozentigem zu erholen.

Beim Betreten der verräucherten Destille torkelte ein seit vielen Jahren aller Reize beraubtes, schlampiges Weib auf mich zu und keifte: «Du Schwein bist von der Sitte! Scher dich raus!» Endlich wußte ich, wie ich aussehe: Wie ein Polizist vom Sittendezernat.

Der Wirt rief die aggressive Dame mit dem Zeigefinger zur Ordnung, worauf ihrem Mund eine stark verschärfte Fassung des klassischen Götz-Zitats entwich. Auch die übrigen Gäste musterten mich mißtrauisch, so daß keine rechte Gemütlichkeit aufkam. Ziemlich hastig trank ich meinen Schnaps und legte ein Markstück auf die Theke. Leider erwies es sich als eine dänische 25-Öre-Münze, die der D-Mark zum Verwechseln ähnlich sieht, aber viel weniger wert ist. Man hatte mir das Ding irgendwo beim Herausgeben als harte Mark untergeschoben.

Ein aus der Schnaps-Trance kurz erwachender Theken-Anlieger riet dem Wirt, mir für diesen Betrugsversuch ein paar Zähne einzuschlagen. Daß der Gastronom davon absah, rechnete ich ihm hoch an.

Nach Anlaufen einiger weiterer Köhm-Inseln, in denen die Stimmung nicht viel lustiger war, promenierte ich durch die stets volkreiche Herbertstraße, an deren beiden Enden sich aus bestimmten Gründen der auf Blechwände gemalte Hinweis befindet «Durchgang für Jugendliche verboten!»

Da drang aus einem offenen Fenster eine schrille Frauenstimme an mein Ohr: «Das ist doch der Manfred Schmidt! Komm rein, Mensch!»

Die nicht mehr ganz junge Dame entpuppte sich als Kriegskameradin. Sie war Nachrichtenhelferin bei einer Einheit gewesen, die seinerzeit meine militärischen Fähigkeiten mit dem bekannten Erfolg für den Endsieg einsetzte. Das «Blitzmädel» (so hießen damals die eifrig stöpselnden Helferinnen der bewaffneten Streitkräfte) hatte sich inzwischen zur Chefin eines gutgehenden Fremdenverkehrsunternehmens hochgedient und lud mich zu einem Kaffee ein. Wir tauschten Kriegserinnerungen aus, und ich kann ohne Übertreibung behaupten, daß diese Viertelstunde die unterhaltsamste des ganzen Abends war.

Um meinem Reeperbahnbummel einen stilvollen Abschluß zu geben, machte ich noch einen kurzen Besuch in der berühmten Davidswache.

In dieser Polizeistation werden allnächtlich mehr schwere Jungen vereinnahmt, mehr Trunkenbolde ausgenüchtert und mehr Schlägereien zu Protokoll genommen als in sämtlichen übrigen Hamburger Polizeirevieren zusammengenommen. Hier tut zu jeder Tages- und Nachtzeit ein Polizeiarzt mit stets eingefädelter Nadel Dienst, um Blessierten schnelle Näh-Hilfe zu leisten. Eine halbe Stunde lang sah ich die Opfer des Ankerplatzes der Freude hereinkommen und (meistens etwas lallend) ihre Klagen vorbringen, von Animierdamen geneppt, von Taschendieben erleichtert, von Falschspielern ausgenommen.

Der Reviervorsteher, der distinguiert wie der Empfangschef eines Luxushotels aussah und sich auch so benahm, entließ die Geschädigten nach der Protokollaufnahme jeweils mit dem freundlichen, lehrreichen Satz: «Wenn Sie wieder mal nach St. Pauli kommen, nehmen Sie Mutti mit, die paßt besser aufs Geld auf!»

Die Polizei weiß aus Erfahrung, daß im Durchschnitt ein Drittel der Anzeigen fingiert ist, um eben jenen Muttis den Verbleib der verjubelten Geldbeträge zu erklären.

Die trockene Luft in der Davidswache hatte mir noch einmal Durst gemacht. An einer mit stark promillehaltigen Spätheimkehrern besetzten Theke trank ich ein letztes kleines Bier.

Ein vom Schlaf übermannter Bummler hatte seinen Kopf auf die Theke gelegt und schnarchte. Die Wirtin wischte mit dem Putzlappen den Schanktisch sauber. Als sie zu dem Schläfer kam, hob sie mit der Linken kurz seinen Kopf an, polierte mit der Rechten die so freigewordene Fläche und ließ dann den Kopf kurz und nicht ganz schmerzlos wieder fallen. Da habe ich zum erstenmal in dieser Nacht gelacht.

Um drei Uhr morgens wollte ich zahlen. Aber die Wirtin wies das Geld zurück und sagte: «Dschunge, du hast dschah vorhin schon bezahlt, paß besser auf dein Geld auf!» Sie hatte recht. Das soviel besungene Herz von St. Pauli schlägt also doch noch.

Als ich über die neblige Reeperbahn heimwärts trottete, tutete fern eine Schiffssirene. Ein alter Mann mit Baskenmütze schaukelte auf mich zu, nahm meinen Arm und krächzte: «Ich bin ein einsamer, verlassener Mensch! Darf ich Ihnen für zehn Pfennig etwas vorsingen?»

Ich gab ihm fünfzig. Dafür sang er das «Elterngrab» und als Zugabe eine Arie aus «Don Carlos».

Das waren die bestangelegten fünfzig Pfennig meines St. Pauli-Bummels.

Auf Geisterjagd an der Themse

Wenn man den Engländern glauben darf (und das muß man doch wohl), wimmelt es auf ihrer nebelumwallten Insel von Geistern. Jeder Untertan Ihrer Majestät Elizabeths II., den ich befragte, wußte auf Anhieb ein Erlebnis mit irgendeiner Spukerscheinung zu berichten. Die Geister-Skala reichte vom unsichtbaren, aber viel Lärm machenden Kobold bis zur deutlich erkennbaren Ahnfrau im Kostüm der Zeit, je nach Ablebensart mit oder ohne Kopf unter dem Arm. Alle Erzählungen klangen durchaus glaubwürdig. Wollte ich aber eine präzise Auskunft, wann und wo man so einen Geist sehen könne, kam stets eine ausweichende Antwort. Die bekanntlich etwas prüden Briten wollten mich anscheinend nicht an ihre Ahnfrauen ranlassen.

Um endlich ein klares Bild vom britischen Geisterleben zu bekommen, begab ich mich zum Büro der für den Tourismus zuständigen «British Travel Association» in der St. James Street und fragte eine zwischen vielen Prospekten amtierende junge Dame, wo man echte Geister sehen könne. Ohne eine Miene zu verziehen, verwies sie mich in den ersten Stock, Zimmer 15. Dort saß aber nicht etwa ein Geist, sondern ein adretter junger Mann namens Whitstead. Er gab mir eine zehnseitige Schrift mit dem Titel «A Ghoshunters Guide to Britain», also einen amtlichen Führer für Geisterjäger.

Nun lag es mir völlig fern, einen britischen Geist weidmännisch zu erlegen. Ich wollte nur mal einem Gespenst von bleichem Angesicht zu bleichem Angesicht gegenüberstehen.

Mr. Whitstead hatte Verständnis für diesen Wunsch und riet mir, in den Tower zu gehen. Dort gebe es pro Quadratfuß mehr Geister als irgendwo sonst auf der Insel. Die graue Burg hatte ich aber schon mehrfach besucht, ohne einen Geist optisch wahrzunehmen. Ich hatte nur jene plötzlichen, eiskalten Luftströme verspürt, von denen die Tower-Wächter steif und fest behaupteten, es seien die Geister der mit dem Beil geschiedenen Gattinnen König Heinrichs VIII.

In rührender Hilfsbereitschaft gab mir Mr. Whitstead dann die Telefonnummer des «Geister-Klubs».

Der Leser wird verstehen, daß mich beim Wählen der Nummer ängstliche Gefühle beschlichen. Vielleicht hob am anderen Ende ein Geist den Hörer ab. Auf diesem Gebiet soll in England ja nichts unmöglich sein. Es meldete sich aber eine durchaus irdisch klingende Männerstimme, die Mr. Peter Underwood gehörte, dem Vorsitzenden des «Ghost-Clubs». Er lauschte geduldig meinen Wünschen und lud mich zu einem an diesem Abend stattfindenden Klub-Treffen ein. Geheimnisvoll fügte er hinzu: «Der berühmte Rosalie-Geist wird in allen Einzelheiten behandelt.»

Nach einigem Suchen fand ich in der Nähe des Marble Arch die enge Bryanston Street und das alte, mit einem vornehmen Eingangsbaldachin geschmückte Backsteingebäude, in dem der Ghost-Club seine Treffen abzuhalten pflegt. Ich wartete noch ein paar Minuten vor der Tür, in der Hoffnung, ein paar Geister ankommen zu sehen. Doch die Schatten, die im Nebel herumschwebten, entpuppten sich beim Näherkommen als durchaus erdgebundene Wesen. Zum Eingang der Mayfairia Rooms strebten vorwiegend ältere Damen, die alles andere als einen übersinnlichen Eindruck machten. Einem lautlos heranrollenden Auto entstieg eine Geisterfreundin mit eingegipstem Fuß, gefolgt von einem gepflegten Herrn mit dick verbundenem Zeigefinger. Der Umgang mit Geistern scheint also nicht ungefährlich zu sein.

Über eine mit dickem rotem Velours belegte Treppe ging es hinunter in den Keller. An der Tür des fensterlosen, mit Wandteppichen geschmückten Versammlungsraumes begrüßte mich Mr. Underwood, ein kleiner, gepflegter Herr um die Vierzig mit elegantem Bärtchen und pfiffigen Augen. Er wies darauf hin, daß im Ghost-Club jeder Mitglied werden kann, der sich für Geister interessiert, sei er ungläubiger Skeptiker oder überzeugter Spukseher. Zweck des Klubs sei es, «psychische Phänomene auf Herz und Nieren zu prüfen» und die falschen Geister von den echten zu trennen. Ich wagte nicht zu fragen, ob die echten einen Ausweis bekommen.

Mr. Underwood stellte mich der ehrenamtlichen Klubsekretärin Miss Muriel Hilliary vor, einer fülligen Dame mit Hornbrille und einem leuchtendroten Wickelturban. Sie strahlte mich an und rief überrascht: «Sie rauchen die gleiche Pfeife wie mein vor zehn Jahren verstorbener Onkel! Er kam mir vor vier Wochen in der Abenddämmerung entgegen und sagte: ‹Du hast zu meinem Lebzeiten immer behauptet, meine Pfeife stänke! Sie schmeckt mir immer noch!›»

Ich lächelte etwas dümmlich. Damen, die sich mit ihrem toten Onkel weit über das Grab hinaus unterhalten, trifft man selten.

Nachdem Miss Hilliary noch erzählt hatte, daß sie den Tabakqualm der Geistererscheinung ganz deutlich gerochen habe, führte sie mich zu einem Tisch, auf dem kleine, unscharfe Amateurfotos ausgebreitet waren, Aufnahmen, die ein danebenstehender blasser Herr namens Cone bei sogenannten «Séancen» gemacht hatte. Auf einem der Fotos konnte man mit einigem guten Willen ein gestreiftes Herrenhosenbein erkennen. Auf dem Knie lag etwas, das wie ein dicker Wattebausch aussah. Mr. Cone erklärte: «Das ist Ektoplasma, es entsteht aus dem Nichts, wenn ein Geist sich materialisiert.»

Es mußte sich wohl um den Geist einer Sekretärin handeln, der da auf dem Knie saß. Diese Vermutung äußerte ich aber nicht, sondern

Hier sieht man fünf Mitglieder des Londoner «Ghost-Clubs» auf dem Wege in ihr Klublokal. Die Geister, mit denen diese Leute Kontakt haben, begleiten sie und wurden nach den genauen Beschreibungen der durch und durch glaubwürdigen englischen Herrschaften naturgetreu eingezeichnet.

nahm als höflicher Gast die Erläuterungen mit einem Gesicht hin, als hätte ich alle Taschen voll Ektoplasma.

Ein Klubmitglied vom Format eines Möbelpackers trat hinzu, zeigte auf das Foto und sagte ganz ruhig: «Ich glaube, das Bild ist gefälscht.»

Der blasse Mr. Cone bekam für einen Moment eine gesunde Gesichtsfarbe und erwiderte: «Das können Sie gern glauben. Ich habe aber noch etwas anderes, Unwiderlegbares ...»

Er führte uns zu einem Tonbandgerät, drückte auf die Taste und kündigte an: «Was Sie nun hören, ist ein Poltergeist bei der Arbeit!» (Er sagte wörtlich: *«What you now will hear is a poltergeist at work.»*) Die Tonaufnahme wurde angeblich in einem Spukhaus des Londoner Stadtteils Whitechapel gemacht. Was wir vom Band zu hören bekamen, klang wie ein hüpfender Ball, der von einem Kind immer wieder hinuntergeschlagen wird. Alle umstehenden Geisterklubmitglieder

lauschten wie gebannt. Aber die wirkliche Sensation sollte erst kommen: Aus dem Lautsprecher des Bandgerätes drang die Stimme Mr. Cones, der dem Poltergeist befahl: «Klopfen Sie jetzt bitte nur zweimal!»

Einige Sekunden Stille und atemlose Spannung. Und dann bumste es tatsächlich nur noch zweimal. Ende der Dokumentar-Aufnahme. Stolzes Lächeln Mr. Cones.

Für die meisten Anwesenden bewies dieses Tonband einwandfrei, daß Klopfgeister gegebenen Befehlen gehorchen. Deshalb müßten diese Kobolde eigentlich als vollwertige Staatsbürger anerkannt werden.

Die für jeden Skeptiker etwas dünne Beweisführung mittels eines leicht manipulierbaren Bandgerätes machte mich mit einem Phänomen bekannt, das typisch für das britische Gespensterleben ist: Die Echtheit einer Geistererscheinung hängt davon ab, wie glaubwürdig derjenige ist, der sie gesehen zu haben glaubt.

Das wurde besonders deutlich in dem Vortrag, den Mr. Cone nun vor den etwa hundert am Geisterleben interessierten Gästen über den «Rosalie Case» hielt.

Mr. Cone schilderte zunächst den nackten Fall: Das inzwischen leider verstorbene Ghost-Club-Mitglied Harry Price, ein wohlhabender Papierhändler, widmete seine gesamte Freizeit der Überführung falscher und der Auffindung echter Geister. In einem Bericht, der 1938 in einer Fachzeitschrift erschien und offensichtlich noch heute die englischen Gemüter erregt, berichtet er von der ersten und bisher einzigen totalen Materialisation eines «Spirits». Sie fand (laut Harry Price) am 17. Dezember 1937 in einem Raum statt, dessen Türen, Fenster und Schränke er vor der Séance, die natürlich in völliger Dunkelheit stattfand, eigenhändig versiegelt hatte. Nachdem das anwesende Medium, im Bericht schlicht als «Mademoiselle» bezeichnet, mehrmals den Namen «Rosalie» gerufen hatte, erschien aus dem Nichts ein etwa fünfjähriges Kind, ließ sich von Price befragen, streicheln und den Puls fühlen. Dann löste Rosalie sich wieder in Nichts auf.

Ein noch nie dagewesener Fall, denn bis zu diesem Zeitpunkt waren Geister nur sichtbar, aber nie greifbar gewesen. Einen Geist, der sich anfassen ließ, hatte es bis dato nicht gegeben. Eine haarsträubende Geschichte, die mich zu der festen Überzeugung kommen ließ, daß der verblichene Harry Price ein rechter Witzbold war, der irgendwo im stockdunklen Raum ein Kind versteckt hatte.

Ich sah mich unter den Zuhörern um. Ihrem Gesichtsausdruck nach zu urteilen, waren sie anderer Meinung. Aller Augen hingen wie gebannt an den schmalen Lippen Mr. Cones, der nun die Beweisführung antrat.

Und wie machte er das? Eine volle Stunde lang berichtete er von seinen mühsamen Reisen zu Hinterbliebenen und Freunden des Harry Price. Jeden fragte er nur, ob Price glaubwürdig gewesen sei. Alle sagten «ja». Seine Witwe verweigerte allerdings als einzige die Auskunft, aber das wollte nach Meinung des Mr. Cone nicht viel heißen.

Kräftiger Beifall belohnte ihn für seine lichtvollen Ausführungen. Er hatte nachgewiesen: Price war glaubwürdig.

Während Mr. Cone die Akten mit dem erdrückenden Beweismaterial zusammenräumte, erhoben sich die Zuhörer und standen noch eine Zeitlang in eifrig diskutierenden Gruppen herum.

Ich ging von Gruppe zu Gruppe und hörte die unglaublichsten Geschichten, alle von glaubwürdigen Leuten erzählt.

Miss Hilliary (die mit dem pfeiferauchenden toten Onkel) lud mich ein, am nächsten Klubtreffen teilzunehmen, zu dem der Air Fieldmarshal Lord Dowling als Ehrengast kommen werde. Der Lord unterhalte sich regelmäßig mit den Geistern seiner im Weltkrieg abgeschossenen Piloten, die ihm genau erklärten, durch welche eigenen Fehler sie vom Heldentod ereilt wurden. Diese Anweisungen aus dem Jenseits sollen allen Ernstes in Zukunft bei der Ausbildung der Royal Air Force berücksichtigt werden.

Trotz allem, was ich an diesem Abend bereits hatte schlucken müssen, war das ein harter Brocken. Aber nach einigem Nachdenken erschien es mir durchaus möglich, daß Luftmarschälle aus dem Jenseits gut beraten werden. Schließlich waren sie ja Großlieferanten.

So interessant der Abend im Ghost-Club auch gewesen sein mochte, es wurmte mich doch, daß ich zwar sehr viel von Geistern gehört, aber keinen einzigen gesehen hatte. Und deshalb fragte ich Mr. Underwood, wann und wo eine reelle Chance bestehe, in einem der angeblich zwölftausend Londoner Spukhäuser eine Geistererscheinung zu erleben.

Er lächelte etwas gequält und sagte: «Seit zehn Jahren bin ich Vorsitzender des Ghost-Clubs und habe viele Nächte wartend in Spukhäusern verbracht, viele seltsame Geräusche gehört, aber nie einen Geist gesehen. Ich kenne Geister nur aus den Erzählungen von Klubmitgliedern, die irgendwann einen sahen.»

Mr. Underwood gab mir drei Adressen von Spukhäusern (*«haunted houses»*), in denen ich mein Glück versuchen sollte: eine Fischbratküche in der Wandsworth Street, die schon dreimal vom Geist eines riesigen schwarzen Hundes heimgesucht wurde, die Garderobe des Adelphi-Theaters mit einem spukenden, längst toten Schauspieler und die Kneipe «Zum Grenadier» in der Wilton Row, die spätabends von einem dort um die Jahrhundertwende ermordeten Grenadier frequentiert wird. Herzlich dankend verabschiedete ich mich von dem so hilfsbereiten Ghost-Club-Vorstand und fuhr hinüber in den Stadtteil Lambeth.

Es war kurz vor neun, als ich die bescheidene Fischbraterei betrat, in der nur noch zwei Gäste saßen. Hinter der dampfenden Ölwanne mit den brutzelnden Kabeljau-Scheiben stand ein südländisch aussehender Mann mit kohlschwarzen Augen. Ich fragte ihn, ob der große schwarze Geisterhund heute schon dagewesen sei. Der Fischbrater sah sich ängstlich um, zog mich hinter die Theke und flüsterte: «Vor einem Jahr war der Hund zum letztenmal hier. Er kam durch die festverschlossene Tür, ging durchs Lokal und auf der anderen Seite durch die ebenfalls abgeschlossene Hintertür hinaus – mein Bruder hat ihn auch gesehen.»

Der ebenfalls schwarzgelockte Bruder tauchte aus dem Ölqualm auf und sagte: «Wir haben inzwischen herausbekommen, daß der Vorbesitzer des Lokals einen großen schwarzen Hund hatte, den er vor zehn Jahren umbringen ließ. Nun rächt sich der Hund an uns.»

Ich hätte gern noch ein Stündchen auf den Hundegeist gewartet, der Bratküchenbesitzer wollte aber Feierabend machen und geleitete mich zur Tür. Um eine Geisterhoffnung ärmer machte ich mich auf den Weg zum Adelphi-Theater.

Der Bühnenportier wollte mich nicht hineinlassen, verriet aber, daß der Geist des ermordeten Schauspielers William Terris in den letzten fünf Jahren nur ein einziges Mal in dessen früherer Garderobe erschienen ist, und zwar zu einem Zeitpunkt, als sie von einer gewissen Miss June benutzt wurde. Der Manager dieser Darstellerin kleiner Rollen alarmierte daraufhin die Presse. Das Foto Miss Junes (leider ohne Geist) erschien mit der aufregenden Geschichte in allen Zeitungen.

Der Verdacht liegt nahe, daß die strebsame Künstlerin den toten Terris nur zu diesem Zweck sah. Der Schauspieler-Geist schien mir etwas unseriös zu sein. Deshalb verzichtete ich auf weitere Nachforschungen und nahm mir ein Taxi zur Grenadier-Kneipe in der Wilton Row.

Der Nebel hatte sich inzwischen zu einer dicken Suppe verdichtet, in der einige wenige Lichtpunkte herumschwammen. Der Taxifahrer schien das Zweite Gesicht zu haben. Anders war das Tempo, mit dem er durch das nächtliche London kurvte, nicht zu erklären.

Plötzlich stoppte er vor einer Schranke, stieg aus, öffnete sie und fuhr in einen Hinterhof. Nach etwa fünfzig Metern hielt er an und sagte: «Hier ist der Grenadier-Pub.»

Mit Mühe waren die Umrisse eines Schilderhauses und einer scheinbar ins Nichts führenden Treppe zu erkennen. Das Taxi verschwand im Nebel, ich ging auf die Treppe zu.

Da gerann mir das Blut in den Adern: Aus dem Boden wuchs eine weiße Gestalt und ging vor mir die Treppe hinauf. Die Erscheinung trug eine schneeweiße Uniformjacke mit breiten roten Schulterstücken und Dienstgradabzeichen auf dem Ärmel. Mit belegter Stimme fragte ich: «Sind Sie der Grenadier?» Eine kräftige Männerstimme antwortete: «Jawohl, kommen Sie herein.»

Die Tür am oberen Ende der Treppe öffnete sich, mildes Licht, dikker Qualm und lautes Stimmengewirr drangen heraus. Mein Grenadier war nichts weiter als der stilecht kostümierte Barkeeper des sehr vornehmen Etablissements. Er hatte draußen etwas frische Luft bzw. Nebel geschöpft.

Ich trank einen doppelten Whisky auf den Schreck und fragte den Barkeeper, ob der tote Grenadier heute abend schon dagewesen sei. «Nein», sagte der Mixkünstler, «aber er kann noch kommen. Er spukt nur einmal im Jahr, irgendwann zwischen September und November.» Ich wartete eifrig trinkend, bis das Lokal geschlossen wurde. Der Geist ließ mich sitzen.

Wie sollte ich meinen Lesern mit einer Geisterreportage unter die Augen treten, ohne einen einzigen gesehen zu haben? Von Geistern gehört hatte ich mehr als genug, aber das gilt nur in England als Beweis. Enttäuscht ging ich ins Hotel, um nach diesem erfolglosen Tag gründlich auszuschlafen.

Kaum hatte ich das Licht ausgeknipst, ging im Zimmer über mir ein wildes Getrappel los. Irgendein Gast wanderte da nervös auf und ab, mal langsamer, mal schneller und zwischendurch kurz stehen bleibend. Ich dachte: Nun, gut, der packt seine Koffer aus, das kann nicht lange dauern.

Eine halbe Stunde lang ertrug ich das Getrapse, dann wurde es mir zuviel. Immerhin war es schon lange nach Mitternacht. Ich griff zum Telefon und bat den Portier, den Gast im Zimmer über mir zur Ordnung zu rufen. Und was bekam ich zur Antwort?

«Tut mir leid, Herr Schmidt, aber das Stockwerk über Ihnen ist unbewohnt.»

Ich sah mein Gesicht im Spiegel: Es war käseweiß. Und die Schritte waren ganz deutlich weiter zu hören. Gott sei Dank hatte ich eine Taschenflasche mit Whisky in greifbarer Nähe.

Nach einem sehr kräftigen Schluck stieg ich auf die neben dem Fenster stehende Kommode, um ruheheischend gegen die Zimmerdecke zu klopfen. Oben stehend merkte ich dann, daß die Geräusche aus der Gegend kamen, wo das Schiebefenster mit der Decke abschloß. Oder vielmehr nicht abschloß, denn es hing lose in der Aufhängung und wurde von der Zugluft hin und her geschlagen. Das waren die Schritte.

Damit glaube ich einem Großteil der englischen Poltergeister auf die Spur gekommen zu sein, denn die nach dem Prinzip der Guillotine gebauten Schiebefenster sind in England allgemein üblich.

Auch für die sichtbaren Geister gibt es eine ziemlich plausible Erklärung. Meiner Meinung nach haben die Engländer «Gesichte», weil es hier üblich ist, alle Gefühle zu unterdrücken. Doch irgendwo wollen die Gefühle hin, und deshalb drücken sie von hinten auf die Netzhaut und lassen Geister entstehen, auch jene, von denen gleich die Rede sein wird.

Als ich nämlich meinem Hotelportier klagte, ich hätte mit der Geisterjagd ein schlimmes Fiasko erlebt, gab er mir den Tip: «Gehen Sie zur Spiritistischen Gesellschaft am Belgrave Square 33, dort werden von früh bis spät Botschaften aus dem Jenseits empfangen.»

Bevor ich nun aber meine Erlebnisse mit britischen Spiritisten schildere, erhebe ich die Schwur-Finger von den Tasten meiner Schreibmaschine und versichere: Jedes Wort ist wahr, nichts wurde erfunden. (Das ist zwar bei allen meinen Reportagen so, aber *diesen* unglaublichen Bericht kann ich ohne ausdrücklichen Hinweis auf meine Wahrheitsliebe nicht aus der Hand geben.)

Der Belgrave Square ist einer der vornehmsten Plätze Londons. Um eine gepflegte Parkanlage herum liegen dicht beieinander die Spanische, die Portugiesische, die Japanische, die Norwegische, die Türkische, die Mexikanische, die Argentinische, die Österreichische, die Ghanesische und, um das Maß voll zu machen, die Deutsche Botschaft. Was lag näher, als in dieser Umgebung auch noch eine Botschaft des Jenseits einzurichten? Wahrscheinlich empfangen die Diplomaten an dieser Kontaktstelle spiritistische Anweisungen, nach denen sie sich richten. Das würde vieles in der Weltpolitik erklären.

Die Residenz der «Spiritual Association of Great Britain» steht den anderen Prachtgebäuden an äußerer Vornehmheit nicht nach. Auf den jenseitigen Charakter weist nur ein kleines, viereckiges Schild am säulengeschmückten Vorbau des vierstöckigen Hauses hin.

Durch eine Drehtür gelangte ich in die elegant ausgestattete Halle, wo mich eine freundliche, sehr diesseitig aussehende Dame hinter einem mit spiritistischen Schriften beladenen Tisch empfing. Sie schlug mir vor, Mitglied der Gesellschaft zu werden, dann stünden mir alle Einrichtungen des Hauses kostenlos und die Medien, durch deren Mund die Geister ihre Botschaften übermitteln, zu ermäßigten Preisen zur Verfügung. Da konnte ich nicht nein sagen.

Ich bekam meine Karte, bezahlte den bescheidenen Jahresbeitrag von einer halben Guinee (etwa sechs Mark) und hatte nun Anspruch auf ermäßigte Medien. Die freundliche Spiritisten-Dame riet mir aber, zunächst einmal das Haus zu besichtigen.

Es war kurz nach 11 Uhr morgens, also eine Zeit, zu der man als Laie keineswegs mit Geistererscheinungen rechnet. In dieser Hochburg des Geisterlebens schien es aber anders zu sein, denn pausenlos strömten Leute durch die Drehtür, bekamen am Empfang eine Zimmernummer mit Medium zugewiesen und begaben sich in die oberen Stockwerke.

Im Parterre tat sich hinter dem Bücherstand ein großer Salon auf. Zwischen gemütlichen Polstersesseln stand ein alter, sehr unbequemer Stuhl. Auf seiner Sitzfläche lag der sauber gedruckte Hinweis: «Auf diesem Stuhl schrieb Sir Arthur Conan-Doyle einige seiner Geistergeschichten.» Ehrfürchtig staunend stand ich vor dem literarisch wertvollen Sitzmöbel. Daneben befand sich in einer prunkvollen Vitrine ein Dokumentarfoto von einzigartigem Reiz. Es war stark verblichen, etwa 5 mal 5 Zentimeter groß und zeigte einen unscharfen, stark überbelichteten Gartenzwerg. Die Bildunterschrift lautete wörtlich: «Deutscher Gnom, fotografiert in Ostpreußen vor dem Ersten Weltkrieg.»

Und in so einem Klub war ich nun Mitglied!

Neben dem Salon befand sich die reichbestückte Bibliothek. Ich zog wahllos ein Buch heraus und hatte, wahrscheinlich von Geisterhand geführt, das Richtige gefunden: eine Klassifizierung der Geister. Ich setzte mich in eine Ecke und las, daß es nicht nur Astral-Leiber von toten und lebenden Menschen gebe, sondern auch von Tieren und Gemüse. Jawohl, genauso stand es da: *«Spirits of animals and vegetables.»* Demnach kann auch ein Kohlkopf spuken.

Der Geisterkohl weckte in mir den dringenden Wunsch nach einem geistigen Getränk. Ein Pfeil mit der Aufschrift «Cafeteria» wies in den Keller. Aber dort gab es nur Alkoholfreies. Bei einer Tasse Tee kam ich mit einem Herrn ins Gespräch, der sich bitter über das Benehmen des Astral-Leibes seiner vor acht Jahren verstorbenen Gattin beklagte. Der Mann hatte inzwischen wieder geheiratet, aber die eifersüchtige Verblichene trieb in ihrem astralen Zustand allerlei Unfug, um die Ehe auseinanderzubringen. Ihr Geist zerbrach immer wieder Geschirr der Nachfolgerin, ließ Essen anbrennen, Geld verschwinden und dicke Staubschichten erscheinen, wo eben erst gewischt worden war. Nun wollte der Mann über ein Medium Kontakt mit der Verblichenen aufnehmen und ihr ins Gewissen reden.

Die Ausrede, alles Mißgeschick im Haushalt werde von einem Geist verursacht, können sich wohl nur englische Hausfrauen erlauben.

Die Dame am Empfangstisch empfahl mir, um drei Uhr an einer auf fünf Personen beschränkten Sitzung des erfolgreichen Mediums Ursula Roberts teilzunehmen. Dann setzte sie mit flinken Fingern die hochmoderne Registrierkasse in Betrieb, die einen Bon über sechseinhalb Shillinge (etwas über drei Mark) ausspuckte, den Mediums-Konsultationspreis für Mitglieder.

Um fünf Minuten vor drei betrat ich den auf meinem Bon angegebenen Raum Nummer 24 im dritten Stock. Die Vorhänge des kleinen Zimmers waren zugezogen, nur ein von der Decke hängendes rotes Lämpchen verbreitete schwaches Licht. Um einen leeren Polstersessel saßen drei ältere Damen und ein verhuschtes Männchen auf unbequemen Stahlrohrmöbeln im Halbkreis herum.

Kaum hatte ich mich auf dem letzten freien Stuhl niedergelassen, stampfte schon das Medium Ursula Roberts herein, eine resolute, etwa vierzigjährige Dame. Sie ließ sich erst in den Sessel fallen und dann in Trance. Mit dröhnender Feldwebelstimme rief sie die Geister herbei.

Und sie kamen. Miss Roberts erhob sich mit geschlossenen Augen, legte die rechte Hand auf meinen Scheitel und verkündete, sie sehe hinter mir deutlich den Geist meines schnauzbärtigen Großvaters stehen. Er trage ein Gewehr und habe fünf Jagdhunde um sich. Das wunderte mich, denn mein schnauzbärtiger Großvater war Postbeamter, oder, um ganz ehrlich zu sein, schlichter Briefträger. Die Jagd lag ihm fern. Ich wollte Miss Roberts aber nicht widersprechen und akzeptierte den seltsamen Opa. Er ließ durch den Mund des Mediums mitteilen, daß er meinen Weg ständig beobachte und mir rate, nicht alles im Leben so ernst zu nehmen. Das konnte ich mit gutem Gewissen versprechen.

Miss Roberts übermittelte mir dann noch einige ähnlich lautende Ratschläge und herzliche Grüße von zwei Großtanten, einem Onkel, einer Jugendgespielin und meinem vor zwei Jahren verstorbenen Hund, der zu meinem Erstaunen perfekt englisch sprach.

Es hätte mich nicht gewundert, wenn auch noch der *spirit* eines im Vorjahr in meinem Garten abgeernteten Kohlkopfes erschienen wäre. Theoretisch war das ja, wie ich vorher gelesen hatte, durchaus möglich.

Jeder bekam aus dem Jenseits Ratschläge, die samt und sonders in der immer zutreffenden Formulierung von Horoskopen abgefaßt waren. Zwischendurch stellten die Geister Fragen, und aus den Antwor-

ten der Gäste konnte das Medium wertvolle Hinweise für weitere Voraussagen ziehen. Nachdem innerhalb von fünfundzwanzig Minuten etwa zwei Dutzend *spirits* zu Wort gekommen waren, darunter auf Wunsch einer alten Dame der Geist ihres entflogenen Wellensittichs, stürzte Miss Roberts ein Glas Wasser hinunter und fiel aus der Trance. Wieder im Diesseits, sammelte sie die Bons ein und entschwand.

Aus allen Räumen quollen die Freunde des Jenseitsverkehrs, darunter auch der Mann mit der spukenden ersten Frau. Er verriet mir, er habe soeben Kontakt mit ihrem Geist bekommen und das Versprechen, nicht mehr in die zweite Ehe hineinzuspuken.

Trotz reichlich erschienener *spirits* war ich nicht so recht befriedigt und fragte die Dame an der Registrierkasse nach einer besonders loh-

Diese lebensechte Wiedergabe einer Geistersitzung im Hause Belgrave Square 33 zeigt den Verfasser, umgeben von den Astral-Köpfen einiger verblichener Vorfahren und dem Astral-Leib seines vor kurzem verstorbenen Hundes. Die jenseitigen Erscheinungen waren allerdings nur für das Medium Ursula Roberts (stehend) sichtbar. Die Glaubwürdigkeit dieser Dame ist nicht anzuzweifeln, denn Engländerinnen sind viel zu arm an Phantasie, um etwas zu sehen, was es gar nicht gibt.

nenden Sitzung. Sie empfahl mir den «Einführungsvortrag in die Selbst-Projektion», der um sieben Uhr abends stattfand.

Der große Vortragssaal im ersten Stock der Spiritisten-Hochburg war bis auf den letzten Platz gefüllt. Etwa vierhundert Leute wollten hier erfahren, wie man das «Zweite Ich» woandershin wandern lassen kann. Das Publikum bestand zum überwiegenden Teil aus Damen aller Altersklassen. Beim weiblichen Geschlecht scheint der Wunsch, den Astral-Leib auf Abenteuer auszuschicken, besonders stark verbreitet zu sein.

Der Selbstprojektions-Lehrer Mr. Gordon Turner war ein stämmiger, kerngesund aussehender Mann von etwa dreißig Jahren und behauptete, neunzig Prozent der Menschen seien bei gutem Willen und entsprechendem Training in der Lage, den Astral-Leib vom Fleischeskörper zu trennen. Um diese Behauptung zu untermauern, forderte er uns zu einem kleinen Experiment auf und rief: «Drücken Sie mit beiden Händen seitlich gegen Ihre Rippen ... schließen Sie die Augen ... atmen Sie ganz tief ein!» Wir atmeten tief und drückten.

Ich ließ die Augen noch etwas offen, um das gespenstische Bild aufzunehmen. Aber da traf mich ein vorwurfsvoller Blick Mr. Turners. Ich schloß die Augen und hörte seine Stimme kommandieren: «Bilden Sie sich jetzt ganz fest ein, Sie lägen in Ihrem Bett!» Das war gar nicht so einfach, denn ich saß zwischen zwei Damen eingekeilt. Mit einiger Mühe gelang es mir, sie wegzudenken. Aber schon kam der nächste Befehl des Astral-Leib-Trainers: «Lassen Sie Ihren Astral-Leib langsam aufstehen ... Sie sehen ihn deutlich ... er geht zur Tür ... die Treppe hinunter ... auf die Straße ... und nun sehen Sie etwas Überraschendes ...»

Ich sah nichts Überraschendes, denn ich war vollauf damit beschäftigt, gleichzeitig im Bett, auf der Straße und im Vortragssaal der «Spiritual Association of Great Britain» anwesend zu sein.

Nach einer kleinen Spannungspause durften wir die Augen wieder öffnen und die Hände von den Rippen nehmen. Siegesgewiß rief Mr. Turner: «Wer mit seinem Astral-Leib bis auf die Straße gekommen ist, soll den Arm heben!» Vierhundert Arme gingen hoch.

Mr. Turner konnte mit dem Erfolg des Experiments zufrieden sein und erzählte nun, er habe es durch langjähriges Training so weit gebracht, daß er mit seinem Astral-Leib Reisen in ferne Länder machen könne, ohne das Haus zu verlassen. Wenn das um sich greift, sehe ich schwarz für den Fremdenverkehr. Mr. Turner riet uns, das «Zweite Ich» durch konzentrierte Meditation nach dem eben gezeigten Muster täglich ein paar Meter weiter zu schicken. Nach etwa vier Monaten könne man jede Entfernung überbrücken. Ein bestechender Gedanke.

Abschließend forderte Mr. Turner uns auf, Fragen zu stellen.

Eine vor mir sitzende Dame meldete sich. Und nun muß ich noch einmal ausdrücklich auf den vorhin niedergeschriebenen Satz hinweisen: Jedes Wort ist wahr.

Die Dame sagte: «Ich bin Hausfrau, habe Zwillinge und übe mich seit Jahren in Selbst-Projektion. Wenn mein Astral-Leib abends von seinen Ausflügen durchs Fenster zurückkommt, ruft er albern: ‹Hoppla, hier bin ich!›» (Wörtlich sagte sie *«Youpee, here I am!»*)

Und nun wollte die Dame wissen, wieso ihr Astral-Leib einen *sense of humour* habe, der ihr selber völlig abgehe. Niemals würde sie sich so aufführen, wie es ihr Astral-Leib allabendlich bei der Heimkehr tut.

Mr. Turner wies darauf hin, daß die weibliche Brust für zwei scharfgetrennte Seelen eingerichtet sei. Die Dame solle sich ruhig weiter projizieren und damit abfinden, einen lustigen Astral-Leib neben einem ernst veranlagten irdischen Leib zu haben.

Mehrere Zuhörer berichteten von ihren Astral-Leib-Eskapaden. Ich kam zu der Überzeugung, daß diese Leute die Welt aus den Angeln heben könnten, wenn sie ihre Fähigkeiten praktisch anwenden würden Etwa im Dienste der Spionage oder der Steuerfahndung. Wie aber bei einer Durchforschung des Geisterlebens in England immer wieder deutlich wird, können *ghost, spirits* und *astral-bodies* nur Unfug treiben Sie schweben in fremde Schlafzimmer, erschrecken brave Bürger, reden dummes Zeug und schmeißen Geschirr kaputt.

Ich fragte Mr. Turner, ob die herumwandernden Astral-Leiber leben-

Jeder normal entwickelte Mensch besitzt ein zweites «Ich», das nicht unbedingt ein besseres zu sein braucht. Durch geistige Konzentration und anhaltende Meditation kann man dieses zweite «Ich» aus sich herausgehen lassen. So lehrt es jedenfalls Mr. Gordon Turner von der «Spiritistischen Gesellschaft Großbritanniens».

der Zeitgenossen auch für Nicht-Spiritisten sichtbar seien. Er sagte: «Nur im Dunkeln. Dann ist ein leichter, silbriger Schimmer zu erkennen.»

Sollten meine Leserinnen nachts so etwas auf ihrem Bettrand sitzen sehen, kann es nur ein aus sich herausgegangener Engländer sein, der *self-projection* übt. Doch zur Beunruhigung ist kein Anlaß, denn die Astral-Leiber können nicht aktiv werden. Das schwört Mr. Turner. Falls Sie trotzdem Schwierigkeiten haben, wenden Sie sich vertrauensvoll an die «Spiritual Association of Gret Britain», Anschrift siehe oben. In dringenden Fällen die Telefonnummer Belgravia 3351 wählen.

Falls Sie dort einen Besuch machen, werden Sie sagen: «Der Schmidt hat untertrieben. Es ist ja noch viel, viel schlimmer.»

Akt mit Hammelkotelett

Daß die Engländer Pferde, Hunde, Kricket und ihr Königshaus lieben, daß Whisky das einzige Medikament ist, dessen Kosten der staatliche Gesundheitsdienst nicht bezahlt, und daß die englische Küche diesen Namen kaum verdient, ist allgemein bekannt. Darüber zu schreiben, hieße Nebel nach London tragen. Was aber meines Wissens bisher noch nie richtig gewürdigt wurde, ist die Tatsache, daß in keiner Stadt der Welt die bildende Kunst so viele Adepten hat wie in London.

Wer hätte gedacht, daß seriöse Geschäftsleute, Bankangestellte und Börsenmakler ihre knapp bemessene Mittagspause dazu benutzen, während der Einnahme des Mittagessens dem Kunststudium nachzugehen? Sie machen das so diskret, daß ich nur durch einen Zufall dahinterkam: Auf der Suche nach einem Restaurant, das etwas mehr zu bieten hatte als halbrohes Fleisch, stieß ich in der Foley Street auf die «Paint-Box», zu deutsch «Malkasten». Im Fenster hing eine Speisekarte, die unter den Fleischgerichten den interessanten Vermerk trug:

Mittags und abends erstklassiges Künstlermodell. Zeichenmaterial steht unseren Gästen kostenlos zur Verfügung.

Endlich mal ein echtes Künstlerlokal!

Während ich noch darüber nachsann, wie man gleichzeitig essen und zeichnen kann (beide Beschäftigungen erfordern jede für sich den ganzen Mann), kamen bereits die ersten Gäste. Sie sahen durchaus nicht wie Künstler aus, sondern trugen die Uniform der City: Melone, korrekte Mäntel, Regenschirm. Mehrere Herren dieses Typs verschwanden im Eingang. Es mußte sich um ältere Kunstjünger handeln.

Ich entschloß mich, meine äußerst mangelhafte zeichnerische Ausbildung hier zu erweitern und folgte den Musensöhnen oder, um präziser zu sein, den Musenvätern.

In der Garderobe hing Schirm neben Schirm, Melone neben Melone. Über eine enge Treppe ging es in den Keller, wo sich vor mir ein sehr elegantes Restaurant auftat. Daß hier nur arrivierte Künstler verkehren konnten, war auf den ersten Blick klar.

Die mit kunstvoll gefalteten Servietten und Blumen geschmückten Tische standen im Halbkreis um ein Podium herum, das mit einem schweren Samtvorhang verschlossen war. Zwischen Tischen und Podium standen kleine Staffeleien, wie sie in allen Kunstschulen üblich sind. Kohlestifte und Rötel lagen bereit, um jeden Schaffensdrang zu stillen.

Der Geschäftsführer brachte mir die Speisekarte. «Was gibt's Schönes?» fragte ich. Diskret flüsternd antwortete er:

«Miss Eve, aber erst nach der Suppe!»

Diese Auskunft ist für den hungrigen Laien ziemlich überraschend. Die kunstbeflissenen Kenner des Lokals wissen aber: Heute sitzt Miss Eve den Künstlern und solchen, die es werden wollen (auch wenn sie nicht können) beim Mittagessen Modell.

Nach der Suppe öffnete sich der Vorhang. Miss Eve saß in einem Sessel neben einem Elektro-Heizofen. Den brauchte sie dringend, denn was sie anhatte, war mit bloßem Auge nicht erkennbar.

Die Herren am Nebentisch bestellten animiert eine Lendenschnitte, Schinken in Madeira und Hammelkoteletts. Es waren offensichtlich Geschäftsleute aus dem nahe gelegenen Londoner Konfektionsviertel, denen man nicht übelnehmen konnte, daß sie wenigstens in der Mittagspause mal *keine* Kleider sehen wollten.

Nun erwartete ich einen allgemeinen Ansturm auf die Staffeleien und das Zeichenmaterial, denn es waren bedeutend mehr Gäste da als Zeichenbretter. Aber niemand rührte sich von seinem Platz. Die ziemlich alten Kunstschulsemester, wenn ich die Herren von Konfektion, Bank und Börse so nennen darf, wußten bereits: Das wichtigste bei allen bildenden Künsten ist das genaue Beobachten. Wahrscheinlich spielte auch die sprichwörtliche britische Zurückhaltung dabei eine Rolle. Der Durchschnittsengländer hat wohl Sinn für die Schönheit der Natur und, wie dieses Lokal bewies, einen lobenswerten Drang zu künstlerischem Schaffen. Aber er ist, soweit ich das in der «Paint-Box» beobachten konnte, zu zurückhaltend, um in aller Öffentlichkeit zum Stift zu greifen.

Alle Gäste waren wirklich nur studienhalber da. Mit dieser Redensart wird sehr viel Mißbrauch getrieben, wenn alleingelassene Männer den Besuch irgendwelcher Lokale, in denen lockere Darbietungen gezeigt werden, motivieren wollen. Hier in der «Paint-Box» ist die unglaubwürdige Ausrede reine Wahrheit geworden.

Der Kellner erklärte mir auf Befragen, daß die Zeichenutensilien seit Bestehen des Lokals fast nie benutzt wurden. Einmal zeichnete ein Spaßvogel nur den Kopf des nackten Mädchens. Sein Werk hängt heute noch als Anregung auf einer der Staffeleien.

Nun wird der mit englischer Mentalität nicht vertraute Leser fragen: Wozu die Zeichenbretter und die Kohlestifte, wenn sie doch von keinem Gast benutzt werden? Die Erklärung ist sehr einfach: Durch Gestellung der Zeichenrequisiten umgeht der kunstfördernde Restaurateur die polizeiliche Vorschrift, daß entkleidete Mädchen sich nur in extra zu diesem Zweck gegründeten Klubs zeigen dürfen. Es gibt an die hundert solcher Klubs in der Londoner Innenstadt, die von den Schönheitsdurstigen (man könnte auch «Schönheitsdürstlingen» sagen) ein bis zwei Pfund, also bis zu 23 DM, Klubbeitrag verlangen. Alle diese Klubs öffnen ihre Pforten erst kurz nach dem Mittagessen. Die «Paint-Box» braucht als einziges Unternehmen keinen Klubbeitrag zu erheben. Sie steht jedem offen, denn sie ist kunstfördernd.

Eins hat die «Paint-Box» allerdings mit den «geschlossenen» Klubs gemeinsam: Sie hält sich genau an die polizeilichen Vorschriften, denn die englischen Gesetzgeber haben mit bewundernswürdiger Präzision definiert: Ein nacktes Mädchen, das sich nicht bewegt, ist Kunst oder zumindest Artistik. Jede auch noch so kleine Bewegung ist aber bereits eine Schweinerei und hat schwerwiegende Folgen: Polizeistrafe und Schließung des Lokals.

Der Ober erzählte mir, daß ein ähnliches, nur die schönen Künste fördern wollendes Lokal seine Pforten für immer schließen mußte, weil ein Gast extra zu diesem Zweck mitgebrachte weiße Mäuse auf die Bühne laufen ließ und so das Modell in unerlaubte Bewegung brachte.

Wie streng darauf geachtet wird, daß auch nicht der kleinste Hauch von Zweideutigkeit auf die künstlerischen Zwecke des Unternehmens fällt, konnte ich in der «Paint-Box» beobachten: Am Büfett läutete das Telefon. Der Wirt hob ab und rief zur Bühne: «Miss Eve, ans Telefon!» Miss Eve rührte sich nicht, wie das Gesetz es befahl. Dann rauschte der Vorhang zu. Im hochgeschlossenen Mantel kam das Modell heraus und verhandelte für alle hörbar mit einem Künstler, dem es am Nachmittag stehen sollte. Alle Männer beobachteten sie jetzt, wo sie einen Mantel trug, mit stark vergrößerten Augen, denn jeder wußte: Sie hat nichts drunter! Nach Beendigung des Gesprächs verschwand sie trippelnd hinter dem Vorhang, der gleich danach aufrauschte. Totenstarr und damit künstlerisch wertvoll saß sie wieder da.

Neue Gäste kamen, allerdings in Damenbegleitung. Der Geschäftsführer setzte die weiblichen Gäste mit dem Rücken zum Modell, da er sie für künstlerisch uninteressiert hielt.

Später erfuhr ich, daß der Wirt früher ständiger Begleiter der Sex-Bombe Diana Dors war. Heute ist sein Restaurant für die besonders großen Fleischportionen berühmt. Deshalb kann ich das Lokal jedem Kunstfreund empfehlen.

Bei einem Nachmittagsbummel durch Soho fand ich an fast jeder Tür dieses ziemlich großen Stadtteils kleine Kärtchen angeheftet, die handschriftliche Texte trugen wie:

First class artist model,
92, 50, 90, second floor,
18 p. m. to 21 p. m.

Die Übersetzung: «Erstklassiges Künstlermodell (es folgen Körpermaße), im zweiten Stock, von 18 bis 21 Uhr.»

Der Hinweis «Erstklassiges Künstlermodell» fehlt auf keiner Karte. Körpermaße, Stockwerk und Zeit sind natürlich verschieden. Die Her-

Londoner Kunstschüler auf dem Wege ins Mittags-Akt-Studio.

ren, die ich hinter solchen Türen verschwinden sah, waren demnach alle heimliche Künstler. Ihr Zeichenmaterial führten sie wohl in den Aktentaschen mit sich.

Bei diesen auf streng privater Basis arbeitenden Modellen ist es natürlich für die Polizei sehr schwer, zu kontrollieren, ob sie sich nicht vielleicht doch bewegen und damit aus der Kunst ins Leben abgleiten. Aber ich glaube, die berühmte Selbstdisziplin der Engländer sorgt bereits dafür. Die lobenswerte Befriedigung künstlerischen Schaffenstriebes ist über jeden Verdacht erhaben.

Klubs und Privatmodelle sind nur für solche gereiften Künstler erschwinglich, die bereits ein gutgehendes Geschäft oder einen einträglichen Posten in der City haben. Aber auch für die jungen Künstler, die sich die verhältnismäßig teure Weiterbildung nicht leisten können, wird gesorgt. Es gibt sehr viele Läden und Zeitschriftenstände, die fi-

Kalorienhunger des Leibes und Schönheitshunger des Auges, Getränkedurst der Kehle und Schaffensdurst der Künstlerhand werden im Restaurant «Paint-Box» gleichzeitig gestillt.

nanzschwachen Kunstfreunden eine große Auswahl künstlerisch fotografierter Vorlagen aus der Natur anbieten. Um jedes Mißverständnis auszuschalten, sind alle Akt-Fotos auf der Rückseite mit dem Vermerk versehen:

Für junge Künstler, die sich keine Kunstschule und keine eigenen Modelle leisten können, stellt unser Verlag diese Arbeitsunterlagen her. Das genaue Anatomiestudium ist die Grundlage des künstlerischen Erfolges.

Die Druckauflage von Akt-Magazinen geht in die Millionen. Es muß in England ein Reservoir von zirka hunderttausend bildenden Künstlern geben, deren Werke man nie sieht und deren Schaffen im verborgenen stattfindet.

Ich glaube nun, hinreichend bewiesen zu haben, daß in keiner Stadt der Welt so viel für die Kunst getan wird wie in London.

Getuschel auf Schloß Fuschl

Jahrelang habe ich meine Witzchen über die bundesdeutschen Manager gemacht, leider ohne genauere Kenntnis dieser emsig und bis zum Herzinfarkt rotierenden Achsen unseres Wohlstands. Wann hatte man als kleiner Endverbraucher schon Gelegenheit, solche Erfolgsmenschen in längerem, privatem Beisammensein näher kennenzulernen? Nie. Eine Möglichkeit, diesem Mangel abzuhelfen, sah ich in dem Inserat mit der großen Schlagzeile:

Gespräche auf Schloß Fuschl
für Wirtschaftsführungskräfte!

Da wurden die großen Manager eingeladen, zu sogenannten *roundtable*-Gesprächen für eine Woche in das ehemalige Jagdschloß der Salzburger Erzbischöfe zu kommen, heute eines der schicksten Hotels Eruopas, wie jeder aufmerksame Leser von Gesellschaftsspalten weiß. Im Inserat heißt es:

Die wundervolle Landschaft wird dazu beitragen, eine positive zwischenmenschliche Atmosphäre zu schaffen.

Langjährige Erfahrung hat mich gelehrt, daß es sehr viele Untermenschen gibt. Auch von Übermenschen hatte ich schon gehört. Daß es außerdem noch Zwischenmenschen gibt, war mir neu. Das Interessanteste am Inserat war der Hinweis, daß es sich hier um einen steuerlich absetzbaren Urlaub handelte:

Gebühr für Teilnahme einschließlich Vollpension 480 DM, für mitreisende Damen 320 DM. Steuerliche Abzugsfähigkeit ist gegeben. Beschränkte Teilnehmerzahl.

Steuerlich abzugsfähige Damen zu ermäßigtem Preis bei beschränkter Teilnehmerzahl und die einmalige Gelegenheit, am Quell des Wirtschaftswunders zu sitzen – das wollte ich mir nicht entgehen lassen. Ich war es meinen Lesern schuldig, endlich einmal ein objektives, nach der Natur gezeichnetes Bild der Großen unserer Zeit zu liefern. Deshalb habe ich mich sofort telefonisch angemeldet. Aus Diskretion und weil die Führungskräfte bestimmt unter sich sein wollten, gab ich mich als Verlagsdirektor Arno Schmidt aus. Damit schwindelte ich gar nicht so sehr, denn mein zweiter Vorname ist wirklich Arno. Ich benutze ihn nicht, obgleich es heute zum guten Ton gehört, noch einen großen Buchstaben mit Punkt hinter dem Vornamen zu haben. Aber Manfred A. Schmidt (sprechen Sie es mal ganz schnell) klingt irgendwie unseriös.

Bei meiner Drahtanmeldung fragte ich, wer denn sonst noch komme. Man nannte mir wohlklingende Namen aus der Industrie, darunter Max Schmeling.

Vor dem Sprung ins Unternehmermilieu prüfte ich noch mein Äußeres auf Managertauglichkeit. Daraufhin ließ ich meine Anzüge aufbügeln, kaufte zwei modische Schlipse, ein Paar sehr teure Schuhe und ein plissiertes Smokinghemd, wie es die Playboys tragen. Ein Kollege lieh mir einen echten Schweinslederkoffer mit Aufklebezetteln exklusiver Hotels von Miami bis Beirut. Um in der Höhle der Wirtschaftslöwen nicht unangenehm aufzufallen, übte ich vor dem Spiegel ein eiskaltes Managergesicht. So gerüstet fuhr ich an einem trüben November-Spätnachmittag ins Salzkammergut zum Fuschl-See, an dessen Ufern das Schloß auf einer Halbinsel liegt. Auf dem Hotel-Parkplatz standen vorwiegend Automobile der unteren Preisklasse. Das war nur als neue, untertreibende Form des Snobismus zu erklären.

Im «Schloß Fuschl» tummelt sich im Frühling, Sommer und Herbst die «High Society». Im November beginnt die tote Saison. Die Idee, in dieser gästearmen Zeit mit Hilfe steuerlich absetzbarer Fortbildungskurse zahlungsfähige Wirtschaftskapitäne anzulocken, sprach für den Ideenreichtum des Hoteliers.

Ein Hotelboy in Landestracht nahm den Leihkoffer und führte mich, vorbei an Jagdtrophäen, alten Stichen mit Pferdeporträts und der in finanziell gesegneten Häusern üblichen Barock-Madonna mit dem Kinde, zu meinem Appartement.

Dort lag neben einem Herbstblumenstrauß das schöngedruckte Programm der «Gespräche auf Schloß Fuschl». Demnach fand an jedem Vormittag ein zweistündiger Vortrag statt, über den jeweils am Nachmittag diskutiert werden sollte. Man mußte die steuerliche Absetzbarkeit also ziemlich sauer verdienen. Laut Programm waren die Abende den zwischenmenschlichen Beziehungen und dem Kegeln um den «Grand Prix de Fuschl» vorbehalten.

Nach sorgfältiger Prüfung von Schlips- und Scheitelsitz ging ich, eine dicke Zigarre im Mund, hinunter in die mittelalterliche Halle. Da saßen die wirtschaftlichen Führungskräfte im ihnen gemäßen Halbdunkel. Auf niedrigen Stiltischen brannten Wachskerzen. Der Kamin flakkerte. Gegenüber der Bar hing wiederum eine Madonna, allerdings aus der Reanaissance, denn Barock wird knapp. Rundherum standen Sitzmöbel aller Stilepochen, auf denen sich ernste Männer gedämpft unterhielten. An einem freien Tisch ließ ich mich auf einem Ohrensessel nieder, um zu lauschen. Ich kam mir vor wie ein Werkspion.

Plötzlich zischte von hinten eine messerscharfe Stimme: «Sie sind Reporter der *Quick*! Was wollen Sie hier?» Erschreckt drehte ich mich um: Hinter mir stand ein Kollege vom *Spiegel*. Um hier nicht herausgeworfen zu werden, hatte er sich ebenfalls als Führungskraft getarnt. Während wir uns gegenseitig äußerster Diskretion versicherten, kam eine junge Dame an unseren Tisch: «Darf ich die Herren fragen, welche Industriezweige sie vertreten? Ich bin Journalistin!» Die war wenigstens ehrlich. Jetzt waren wir schon drei.

Als echte Führungskräfte kamen nur noch neun Herren in Frage, die im Raum verteilt saßen. Einer von ihnen erhob sich und bat alle «Kursteilnehmer» zu einem Begrüßungscocktail. Er stellte sich als Werbefachmann sowie Betreuer und Organisator der «Gespräche auf Schloß Fuschl» vor. Da waren es nur noch acht. An der Bar machte ich die Bekanntschaft eines Herrn, der sich als Assistent des Organisators entpuppte. Man konnte den Reklame-Spezialisten wohl mit Recht von der Zahl der Managerverdächtigen abziehen. Da waren es nur noch sieben.

An Damen waren zwei mitgebrachte Gattinnen zum ermäßigten Preis und die vorläufig noch alleinstehende Journalistin zum vollen Preis anwesend. Der Werbeberater erklärte, seine Firma habe es übernommen, die «Gespräche auf Schloß Fuschl» zu einem Markenartikel zu machen. Ich äußerte die Befürchtung, daß sein seltsames Inserat (an dem er übrigens dem Hotelier die Schuld zuschob) Leute anlocken könnte, die mit den answesenden Unternehmern Kontakt finden und ihnen etwas andrehen wollen. Das wies er weit von sich.

Kurz darauf kam ich mit einem massiven älteren Herrn ins Gespräch. Er gab sich als Inhaber einer Firma zu erkennen, die Werbegeschenke herstellte und vertrieb und sagte natürlich nicht, daß er hergekommen war, um bei den Großverteilern von Werbegeschenken kurz vor Weihnachten noch einige interessante Abschlüsse zu tätigen. Trotzdem glaube ich, diesen Mann mit gutem Gewissen von der Liste der echten Manager streichen zu können. Da waren es nur noch sechs.

Bei weiteren vier Herren machte es keine großen Schwierigkeiten, ihr Arbeitsgebiet festzustellen. Es waren die Referenten, die den Unternehmern Vorträge halten sollten: Ein Werbepsychologe, ein Abgesandter einer Unternehmensversicherung, der Inhaber einer Firma für Betriebsberatung und ein Spezialist für die Ausbildung von Vertretern. Also vier Leute, die den Unternehmern ihre Dienste anzubieten pflegen.

Da waren es nur noch zwei.

Der eine war Gemüsegroßlieferant für die Konservenindustrie. Den Brillanten nach zu urteilen, die seine blonde Gattin an sich trug, gehörte er zu den echten Wirtschaftsführungskräften. Nun stand nur noch ein Herr offen, wenn ich so sagen darf. Er gab sich als Verkaufsleiter einer Zahnbürstenfabrik aus.

Zwei wirklichen Managern standen also elf Leute gegenüber, die sich zwischenmenschlich für Führungskräfte interessierten bzw. mit ihnen ins Geschäft kommen wollten, was ja heutzutage dasselbe bedeutet.

Im Laufe des Abends, als beim Kegeln die zwischenmenschlichen Beziehungen angekurbelt wurden, trafen dann doch noch ein halbes Dutzend echte Führungskräfte ein.

Am nächsten Vormittag sprach der Werbepsychologe, ein sogenannter Bedarfswecker, über das Thema «Leitbilder als Kaufmotive». Das klingt kompliziert, ist aber sehr einfach. Ein typisches Leitbild, also ein Lebewesen, dem viele nacheifern möchten, ist Sophia Loren. Wenn es nun einem geschickten Werbefachmann gelingt, dem Publikum einzureden, daß die Leitbild-Sophia ihren Luxuskörper nur mit XY-Seife wäscht, ist das für Millionen Frauen, ja sogar auch für Männer, ein Kaufmotiv. Man sitzt sozusagen mit ihr in der Wanne. Und der Umsatz schwillt.

Der Vortragende begann mit dem schönen Satz: «Wir kennen uns vorläufig nur menschlich!» Damit nahm er auf den vorangegangenen Kegelabend Bezug. Nun wollte er uns (anders konnte ich seinen Einleitungssatz nicht verstehen) unmenschlich kommen. Und das tat er dann auch. Er sprach von Identifikationsobjekten, Erlebnisqualitäten unterschiedlicher Intensität, mehrdimensional differenzierten Leitbildern, Produktadäquatheit und der jugendspezifischen Variation des Erwachsenengrundverhaltens. Er hätte das alles auch einfacher sagen können, aber dann wäre die Wirkung sicher nur halb so groß gewesen.

Am häufigsten kam in diesem Psychologen-Chinesisch das Wort «Imetsch» vor. Das Imetsch des Kunden, das Waren-Imetsch, das Verkaufs-Imetsch und viele andere Imetsche. Es dauerte ziemlich lange, bis ich dahinter kam, daß es um das englische Wort *image* ging, also schlicht und einfach «Bild».

Der Referent sprach vom «Wascherlebnis der Hausfrau», das er frei nach Freud fachgerecht analysierte, und vom «Trockenrasierer, der im Gegensatz zum Naßrasierer eine neutral sachliche Beziehung zu seinem Bart hat». Ich hoffe, der Leser kann sich jetzt ein Imetsch machen, wie kompliziert es ist, ihm ein Stück Seife oder einen Rasierapparat zu verkaufen.

Denn darum ging es: Mit allen Mitteln der angewandten Psychologie den Umsatz zu steigern, ob der Käufer nun will oder nicht. Er muß wollen, auch wenn er nicht kann, denn sonst stockt das Wirtschaftsleben.

Der Vortragende wies immer wieder darauf hin, welche Verluste Unternehmer erlitten, die den falschen Motiv-Analytiker zur Werbeberatung engagierten. Daß er der richtige war, verriet er nicht, sondern deutete es nur diskret an. Seine Adresse stand im Programm.

Am Nachmittag wurde über das Thema des Vormittags diskutiert, das heißt, der Referent erzählte alles noch einmal, allerdings mit neuen Fremdwörtern. Wir wurden noch einmal gründlich ins Imetsch gesetzt, daß es nur so spritzte.

Das Thema des nächsten Tages war «Mitarbeiter-Fluktuation», auf deutsch «Arbeitsplatzwechsel». Anderthalb Stunden lang plauderte ein Versicherungsfachmann über diese unternehmerfeindliche Zeiterscheinung und deren verschiedene Ursachen. Eine davon war die «Flucht vor Pfändungsbeschlüssen». Der Referent erwähnte leider nicht, daß diese Pfändungsbeschlüsse sehr häufig die Folge geschickter Bedarfsweckung sind, von der wir am Vortag soviel Schönes gehört hatten.

Am Nachmittag kam Max Schmeling an. Ich fragte ihn, ob auch er am Fortbildungskurs für Manager teilnehme. Er dachte nicht im Traum daran, sondern war zur Gamsjagd hergekommen.

Das Referat des nächsten Tages hielt ein «Vertriebsberater». Sein Anliegen war es, Außendienstkaufleute (so heißen heute die früheren Reisevertreter), so zu schulen, daß sie jeden Kaufwiderstand des Kunden sofort brechen können. Das Thema des Vortrages lautete «Verkaufen im gesättigten Markt». Darunter durfte man wohl wieder den Versuch verstehen, dem Kunden etwas anzudrehen, was er gar nicht braucht. Der Vortragende sah es als seine edelste Aufgabe an (ich zitiere wörtlich), «abschlußschwache Verkäufer mit allen Kniffen vertraut zu machen, die der Kunde zur Abwehr anwendet». Kniffe werden meines Wissens vor allem von den «geschulten Vertretern» benutzt. Im Gegensatz zu den bisherigen Referenten sprach dieser Mann ein verhältnismäßig schlichtes, wenn auch manchmal überraschendes Deutsch. Er sagte zum Beispiel: «Unsere Kunden sind oft Menschen beiderlei Geschlechts!» Diesen Sonderfall hatte ich bisher für ziemlich selten gehalten. Aber Vertreter kommen ja mit viel mehr Leuten zusammen als wir Durchschnittsbürger.

Die Verkaufskanone sang das Hohelied des tapferen Außendienstkaufmannes, dessen anstrengende Tätigkeit ich durchaus zu würdigen weiß, solange er nicht zur Nervensäge wird. Aber gerade das wollte dieser Herr den «Männern an der Verkaufsfront», wie er sie immer nannte, beibringen.

Er sprach leidenschaftlich vom «unbedingt nötigen Hemmungsabbau bei Verkäufern» und vom «verkäuferischen Akt, der nicht kalt geschäftlich sein darf». Die bundesdeutsche Hausfrau kann sich also, wenn es demnächst bei ihr klingelt, auf einiges gefaßt machen. Die Vertreter sind angewiesen, mit möglichst viel Überraschungseffekten zu arbeiten und vor allem «Augenkontakt» zu halten, das heißt, die Pupille des Opfers nicht den Bruchteil einer Sekunde aus dem Auge zu lassen. Bis zur Hypnose ist dann nur noch ein Schritt. Gute Nacht!

Ich brauche wohl kaum zu erwähnen, daß abends wieder zwischenmenschlich gekegelt wurde.

Als Referent des vierten Tages trat der Unternehmensberater auf.

«Darf ich Herrn Generaldirektor darauf aufmerksam machen, daß in Ihrem Schußfeld unser schärfster Marktkonkurrent herumpirscht?» Bei Jagdausflügen bieten sich den Kursusteilnehmern viele Gelegenheiten, Prominente aus der Wirtschaft zu treffen, was aber nur im gesellschaftlichen Sinne verstanden werden sollte.

Er sprach über «Top-Management». Bei «Top-Managern» handelt es sich nicht etwa um Fabrikanten von Keramik-Artikeln, sondern um die höchsten Führungskräfte. Der Vortragende warb für seine todsicheren Betriebsorganisationspläne. Sollten sie nicht zur Umsatzsteigerung führen, konnte es nur am Betrieb liegen.

Am Nachmittag schwänzte ich den Kursus und machte eine Wanderung durch die Umgebung des Schlosses. Wie schön kann ein Aufenthalt im Jagdschloß Fuschl sein, wenn man keinem Referenten zu lauschen braucht!

Trotzdem habe ich am nächsten Tag den letzten Vortrag besucht, weil mir das Thema wirklich interessant zu sein schien: «Gesundheit auch für Führungskräfte!»

Die Forderung klang, als ob irgend jemand (vielleicht die Gewerkschaften) den Unternehmern dieses wertvolle Gut vorenthalten wollten. Als der vortragende Arzt den Raum betrat, stieg der Blutdruck bei allen anwesenden Herren um etwa 50 Prozent, denn eine junge, her-

vorragend gebaute Assistentin trug ärztliche Gerätschaften und ein kurzes Dirndlkleid mit hinreißendem Dekolleté. Sie nahm uns gegenüber Platz, und wir alle hofften, daß der Arzt bei seinem Vortrag möglichst oft etwas hinfallen ließ, was sie dann aufheben konnte, wobei Dekolletés bekanntlich besonders wirksam werden. Das Mädchen saß während des ganzen Vortrags mit suggestiv übereinandergeschlagenen, prächtigen Beinen brav da und trat nie in Aktion. Der Arzt sprach von den verschiedenen Regenerationsmöglichkeiten für Herren um die Fünfzig. Er warb für ein vom ihm entwickeltes Behandlungssystem, das aus gemischter Anwendung von «Vitamin-Cocktails» und «Blutwäsche» bestand. Der Vorteil dieser Therapie lag darin, daß sie während eines ganz normalen Erholungsurlaubs (auf Schloß Fuschl natürlich) angewandt werden konnte, ohne Nikotinverzicht und «unzumutbare Askese». Er berichtete von überraschenden Erfolgen seines «Heidal-Verfahrens», dessen Name nach seinen eigenen Angaben aus den Worten «heile das Alter» zusammengezogen wurde. Und jetzt begriff ich, weshalb er die suggestive Assistentin mitgebracht hatte: Mit diesem wohldurchdachten psychologischen Trick erweckte er in den Anwesenden dringende Regenerationswünsche und die Überzeugung, daß eine Anwendung des Heidal-Systems viele Annehmlichkeiten bringen kann. Ich wurde den Verdacht nicht los, daß der Arzt sich von einem der anwesenden Werbefachleute hatte beraten lassen.

Nach diesem letzten Vortrag habe ich meinen Leihkoffer gepackt und das gastliche Schloß verlassen.

Der Aufenthalt hatte sich wirklich gelohnt, denn ich bin durch den Manager-Lehrgang völlig immun gegen jede Art von Werbung geworden. Und ich werde in Zukunft nie wieder Witzchen über Wirtschaftsführungskräfte machen, denn deren Sorgen möchte ich wirklich nicht haben.

Damen-Stürme am Montblanc

Anläßlich seines hundertjährigen Bestehens wollte der «Alpen-Klub von Italien» dem Montblanc eine Freude machen und ihm hundert Alpinistinnen hinaufschicken. Für jedes Jahr also eine. Leider meldeten sich nur achtundachtzig steigfreudige Damen. Für die Suche nach der so vielgerühmten Bergeinsamkeit schon ein ganz beachtlicher Haufen. Die Damen-Massenbesteigung fand im Hochsommer statt.

Nach der femininen Gipfeltour berichtete die Presse mit leicht hämischem Unterton, die Kletterfrauen hätten sechshundert Meter unterhalb des Gipfels aufgegeben. Ich weiß es besser, denn ich begleitete die Gipfelstürmerinnen bis zu einer Höhe von 2317 (zweitausenddreihundertundsiebzehn) Metern und kann bezeugen: Nicht die Damen gaben auf, sondern die zehn männlichen Bergführer. Dieser Bericht soll die angetastete Ehre der weiblichen Klettermaxen wiederherstellen.

Am späten Abend des 3. Juli hielten vor dem Hotel «Suisse et Hollande» in Chamonix zwei vollbesetzte Omnibusse aus Mailand. Auf den Scheiben klebten Schilder *«100 donne sul Monte Bianco!»* Jedes Schild war mit dem weithin leuchtenden Markenzeichen eines amerikanischen Kaltgetränks versehen. Sollten die «100 Frauen auf dem Montblanc» etwa die Fahne dieser werbefreudigen Firma auf dem höchsten Gipfel Europas hissen?

Mit einigen französischen Bergführern, die sich schon seit Tagen auf den alpinistischen Großeinsatz mit italienischen Damen freuten, stand ich vor dem Hoteleingang. Anscheinend hatten die Männer mit hundert Luxus-Exemplaren vom Typ Sophia Lorens gerechnet, denn ihre Gesichter verdüsterten sich zusehends, als die Alpinistinnen aus den Bussen quollen. Neben mir sagte ein Pisten-Beau leise *«Merde»*, was im Französischen ein Ausdruck für starke Enttäuschung ist. Dabei hätte er doch wissen müssen, daß der Klettersport die Gesichter hart und männlich macht, was für Damen nicht unbedingt von Vorteil ist.

Rucksackbepackt und eispickelbewehrt stampften die Bergsteigerinnen in unförmigen Anoraks, dicken Kordhosen und schweren Bergstiefeln in die Hotelhalle. Das einzig Weibliche an ihnen waren die Vornamen, die jetzt für die Zimmerverteilung laut aufgerufen wurden: Giulia, Rosanna, Olivia, Assunta ...

Bei näherem Hinsehen entdeckten die Bergführer zu ihrer Beruhigung auch einige jüngere Damen, deren Züge noch nicht allzusehr vom Kampf mit dem Berg gemeißelt waren. Das Gros der Expedition bildeten aber Frauen im besten Mannesalter. Älteste Teilnehmerin war die 56jährige Assunta Balossi, doppelte Großmutter, wie sie stolz verkündete. (Wie mochte es wohl bei ihr zu Hause aussehen, wenn sie hier freiwillig die Felswände hochging?)

Die Montblanc-Aspirantinnen zogen sich sehr schnell in ihre Betten zurück, um für die Besteigung frisch zu sein.

Bei einem herben Savoyer Weißwein saß ich noch etwas mit einem Bergführer zusammen. Er verriet, welche Vorkehrungen getroffen wurden, um die Damen nicht nur hinauf, sondern auch heil wieder herunter zu bringen. Ein Hubschrauber stand bereit, die Gebirgsjäger lagen im Hinterhalt, zwei Ärzte und ein Orthopäde gingen als Bergführer mit, und Gendarmerie mit Funkgerät sollte den Abschluß der Jubiläumskolonne bilden. Das alles mußte aber vor den Damen geheimgehalten werden, um ihnen bei der Knappheit an Reizen nicht auch noch den Reiz des großen Abenteuers zu nehmen.

Der Montblanc erlebte bereits im Jahre 1876 eine Damen-Erstbesteigung. Die Engländerin Isabella Stratton erklomm den Gipfel und heiratete dann den Bergführer Jean Charlet, der sie geführt hatte. Es war wohl kaum anzunehmen, daß der morgige Gipfelsturm mit einer Massenhochzeit endete. Auf jeweils neun Damen kam nur ein Bergführer, um den (von mir nach wie vor leicht angezweifelten) rein weiblichen Charakter des Unternehmens nicht zu verfälschen.

Am nächsten Morgen dröhnte der Boden des Hotels von den festen Schritten der Fels-Sportlerinnen. Sie versammelten sich im Speisesaal, wo Expeditionsleiter Fulvio Campiotti noch einige französische, jugoslawische und griechische Alpinistinnen begrüßte und die bei solchen Anlässen unvermeidlichen Worte vom völkerverbindenden Sport sprach.

Dann wurden die Seilschaften eingeteilt, die man in diesem Falle wohl als Seil-Frauenschaften bezeichnen kann, und große Mengen von Medikamenten ausgegeben. Die rührige pharmazeutische Industrie witterte eine Propagandachance und versah die Hochgebirgs-Amazonen kostenlos mit Gletschersalbe, Vitaminwürfeln und Pillen gegen den sogenannten Höhenkoller. Er verursacht, wie mir ein Fachmann mitteilte, schwere Depressionen, also das absolute Gegenteil vom vielgepriesenen Gipfelglück.

Vor dem Abmarsch schluckte ich eine doppelte Dosis dieser Pillen, denn schon im Flachland sind meine Depressionen nicht von Pappe. Wie sollte es erst hoch oben im Gebirge werden, wo alle paar Meter ein Abgrund zum Hineinspringen einlädt?

Nun muß ich ehrlich zugeben, daß ich gar nicht die Absicht hatte, bis zum Gipfel vorzudringen. Ich begleitete die Damen nur bis zu einer Höhe von genau 2317 Metern, die wir innerhalb von neun Minuten erreichten. Ich weiß die Höhe so präzise, weil sie an der Seilbahnstation angeschlagen ist.

Auf dem Plateau neben der Station legten die Kraxlerinnen letzte Hand an sich. Sie beschmierten die Münder bis weit über den Rand mit weißer Paste und boten mit ihren Schneebrillen und Berghüten einen erschreckenden, hexenhaften Anblick. Während eben noch der Montblanc glasklar vor dem blauen Himmel stand, verhüllte er nun plötzlich sein Haupt mit Wolken. Das konnte ein Zufall sein, machte mich aber doch stutzig. Wollte er sich den Damen etwa verweigern?

Gegen schädliche Einflüsse höherer Gewalt hatten die Gipfelstürmerinnen sich sehr geschickt abgesichert: Eine Französin hatte einen glückbringenden kleinen Teddybär als Talisman an den Eispickel gebunden, und zwei Italienerinnen schleppten die sechs Kilo schweren Holzfiguren der beiden Mailänder Stadtheiligen mit.

Im Gänsemarsch stapften die schwerbepackten Evastöchter los, äußerlich von den nach jeder zehnten Seilschaftlerin zwischengeschalteten männlichen Bergführern kaum zu unterscheiden. Bald waren die Damen, die so hoch hinauswollten, nur noch als flohgroße Punkte auf dem Gletscherfeld zu erkennen.

Wir Schlachtenbummler fuhren mit der Seilbahn über schauerlich gähnende Abgründe wieder zu Tal, wobei der in allen Schwebebahnkabinen stets anzutreffende Witzbold die obligaten Scherze machte: «Das Seil knistert so seltsam, es ist neulich irgendwo geflickt worden!» – «Da kommt uns eine Gondel auf demselben Seil entgegen!» und: «Wußten Sie, daß der Boden der Kabine für Notfälle nach unten aufklappbar ist?» Der Gedanke, daß sich die übervolle Kabine plötzlich in den Abgrund entleerte, konnte mich nicht zum Lachen bringen.

Selten habe ich mich in einem Hotelbett so wohl gefühlt, wie an diesem Abend in Chamonix. Still, doch ohne Mitleid gedachte ich der Damen hoch oben im Berg.

Um sechs Uhr früh erwachte ich, weil im Traum der Boden der Seilbahnkabine nachgab und mich mit achtundachtzig Alpinistinnen in den Abgrund stürzen ließ. Das Glücksgefühl, mich in meinem Bett wiederzufinden, läßt sich kaum beschreiben.

Draußen war es bereits hell, aber es regnete Bindfäden. Von den Bergen war nichts mehr zu sehen, die Wolken hingen bis tief ins Tal. Das bedeutete Schneetreiben auf dem Montblanc. Was mochte jetzt da oben vor sich gehen, wo mannhafte Frauen um einen Viertausender kämpften, während ihre unsportlichen Geschlechtsgenossinnen im Tal schon oft mit einem Hunderter zufrieden waren? Würde der Berg die Damen wieder hergeben?

Er tat es.

Als ich am Nachmittag wieder bis auf 2317 Meter hoch fuhr, um nach den Kletterinnen Ausschau zu halten, kamen sie mir bereits entgegen. Geordnet, aber deprimiert. Die erste Italienerin, die ich nach

Dieses beim Abmarsch der achtundachtzig Montblanc-Stürmerinnen nach der Natur gezeichnete Bild zeigt deutlich, wie sehr der Alpinismus dem weiblichen Wesen entspricht. Kein Sport der Welt verlangt soviel Übung im Schleifchenbinden, Schlingenknüpfen und Knotenschürzen, vom noch weit schwierigeren Wiederaufknoten der vielen Knoten gar nicht zu reden. Unter dem Schild «Nehmt Rücksicht auf die Landschaft! Papier!» befindet sich nicht etwa ein Papierkorb, sondern eine kleine Schlucht.

ihren Erlebnissen befragte, schleuderte mir einen äußerst farbigen Fluch auf die Männer im allgemeinen und die Bergführer im besonderen entgegen. Eine französische Bergsteigerin beantwortete meine Frage mit dem zweisilbigen Ausdruck starker Enttäuschung, den ich schon am Anfang des Berichtes erwähnte.

Ein Bergführer erzählte dann endlich, was da oben vor sich gegangen war. Es muß furchtbar gewesen sein. Sechshundert Meter unterhalb des Gipfels wollten die Bergführer wegen des Schneesturmes aufgeben. Blind vom Schnee und Ehrgeiz wollten die Damen aber geschlossen weiterstürmen, kannten jedoch den Weg nicht. In wildem Schneegestöber kam es zu einer erbitterten Diskussion. Die französischen Bergführer wollten zurück zur Hütte und nach dem Unwetter einen neuen Versuch unternehmen. Die italienischen Bergführer wollten nicht zur Hütte, sondern gleich nach Hause. Und die Frauen wollten ganz nach oben, koste es, wen es wolle. Die völkerverbindende Kraft des Sports versagte, wie immer, wenn es ernst wird.

Es muß dort über den Wolken und in der erhabenen Bergwelt ein Geschrei gewesen sein wie auf einem süditalienischen Markt.

Daß dieser Lärm keine alles unter sich begrabende Lawine auslöste, könnte man als echtes Wunder bezeichnen, wenn nicht die beiden Mailänder Stadtheiligen im Rucksack mitgeschleppt worden wären.

Der Autorität des dienstältesten Bergführers Camille Tournier gelang es, die Gemüter zu beruhigen, was vielleicht auf seinen Vornamen zurückzuführen ist.

Mit dem ersten Schub der ab- und niedergeschlagenen Montblanc-Stürmerinnen fuhr ich in der Schwebebahn-Kabine zu Tal und versuchte, den Damen mit Vernunftgründen Trost zuzusprechen: «Das Schönste am Alpinismus ist die Freude am Berg! Ob nun ein paar Meter höher oder tiefer ist doch egal. Sie hatten das Bergerlebnis und haben den Montblanc weitgehend bestiegen!»

Damit kam ich aber schön an. «Einen Dreck haben wir bestiegen!» rief eine Dame aus Trient. «Da hätten wir auch zu Hause bleiben können! Was nützt ein Berg, wenn man nicht auf den Gipfel kommt? Und ich brauchte so dringend einen Viertausender . . .»

Die Dame sammelte nämlich, wie sich herausstellte, Gipfel. Sie hatte bereits einhundertundzwei Dreitausender, aber erst drei Viertausender.

Das große Fest mit Gipfeltaufe, das für den Abend vorgesehen war, fiel wegen der fehlenden lumpigen sechshundert Meter aus. So streng sind die Alpinistenbräuche.

Mein Kompromißvorschlag, ein Fest der glücklichen Niederkunft zu feiern, fiel bei den Damen auf unfruchtbaren Boden. Sie waren untröstlich, weil ihnen sechshundert Meter an der Ehre fehlten.

Soviel weibliches Unglück konnte ich nicht mit ansehen und fuhr schleunigst ab.

Testschläfer bei minus 20 Grad

Der Drang des modernen Menschen zum Busen der Natur hat gewaltige Industrien ins Leben gerufen, die vom aufblasbaren Kleiderbügel bis zum dreiachsigen Wohnwagen alles liefern, was vom Großstadtkomfort unabhängig macht. Viele echte Naturfreunde schreckten bisher vor der Anschaffung eines Wohnwagens oder Zeltes zurück, weil die Kosten sich in den wenigen Sommermonaten nicht amortisieren. Aber da erklang im Dezember der Schlachtruf der Campingfreunde: «Man campt nicht nur zur Sommerszeit, nein, auch im Winter, wenn es schneit!»

Der echte Camper gewinnt neuerdings dem Busen der Natur auch Reize ab, wenn er eiskalt und hartgefroren ist.

Freunde und Bekannte glaubten nicht recht zu hören, als ich bei einer Außentemperatur von minus 17 Grad mitten im Dezember überall herumerzählte: «Ich fahre morgen zum FICC-Kongreß nach Ruhpolding und zelte im Schnee!»

Die «Fédération Internationale du Camping et Caravaning», abgekürzt «FICC», hatte nämlich die Wohnwagen- und Zeltbesitzer ganz Europas zu einem großen Winter-Camping nach Ruhpolding eingeladen.

Was mag Leute, die im Vollbesitz ihrer geistigen Kräfte und zentralgeheizter Komfortwohnungen sind, dazu bewegen, in Eis und Schnee zu kampieren? Bei Antritt der Fahrt war mir das noch völlig rätselhaft, denn ich startete zu diesem Unternehmen nur meinem vierzehnjährigen Sohn zuliebe. Ein Freund, der für eine Camping-Zeitschrift ein neukonstruiertes Winterzelt testen sollte, hatte ihm den Floh ins Ohr gesetzt und uns zu einer Probenacht eingeladen. Die Chance, als Test-Schläfer bahnbrechend für das Winter-Camping zu wirken, ließ dem Knaben die Brust schwellen. «Test-Schläfer» klang in seinen Ohren fast so aufregend wie «Testpilot».

Als wir am Ruhpoldinger Campingplatz ankamen, war der erste Eindruck: So ungefähr muß es seinerzeit beim Goldrausch in Alaska ausgesehen haben.

Hochbepackte Personenwagen mit Wohnanhängern stauten sich zwischen meterhohen Schneemauern, so weit das Auge reichte. Pelzbemützte Männer, deren Gesichter von vielen hundert Kilometern Schlitterfahrt auf vereisten Straßen gezeichnet waren, saßen am Steuer.

Das Chauffieren mit einem am Heck hängenden Wohnwagen erfordert nämlich im Winter eine ganz spezielle Fahrtechnik. Wenn der

Anhänger auf vereister Landstraße ins Schleudern kommt, hilft nur sofortiges Gasgeben ohne Rücksicht auf das, was sich gerade vor einem befindet. Deshalb erreichen die Gespanne auf kurvenreichen Talfahrten phantastische Geschwindigkeiten. Ich kann jedem anhängerlosen Kraftfahrer nur raten, schnellstens das Weite zu suchen, wenn ein Auto mit Wohnwagen im Rückspiegel auftaucht.

Das Einschleusen in den Campingplatz nahm ziemlich viel Zeit in Anspruch, denn es waren gut zwei Meter Schnee gefallen. Um einen Wohnwagen unterbringen zu können, mußten dreißig bis vierzig Kubikmeter der vom Wintersportler so heiß ersehnten Flocken bewegt werden. Etwa zweihundert Wohnwagen parkten bereits zwischen riesigen, zur Seite geschaufelten Schneehaufen. Die Flächen, auf denen die Schneehaufen lagen, wurden den Neuankömmlingen vom Platzwart als Standplätze zugewiesen. Verzweifelt standen die frostbibbernden Anwärter davor. Das Problem war: Wohin mit dem Schnee? Eine Beseitigung der Flockenberge schien nur noch durch Verspeisen möglich, ein auch für vielköpfige Camping-Familien schwieriges und ungesundes Unterfangen.

Als Retter in der Not erwiesen sich die mit Schneeräum-Vorrichtungen versehenen Traktoren des Ortnerhof-Bauern. Er ist Besitzer des Campingplatzes und braucht den Gemeinsamen Europäischen Agrar-Markt nicht zu fürchten. Er holt winters wie sommers reiche Ernte an Platzgebühren in die Scheuer. Auch die Gewinne aus dem Gasflaschenhandel und dem Campingplatz-Laden mit reichhaltigem Brühwürfelsortiment dürften beachtlich sein.

Bevor man als Campingwilliger in den Genuß eines Schneehaufens kam, mußte in der Bürobaracke die Platzgebühr bezahlt und das gleiche Anmeldeformular ausgefüllt werden, das man in jedem Hotel vorgelegt bekommt. Auch die Rubrik «Mit/ohne Ehefrau» fehlte nicht. Ich hatte mir das Campingleben etwas freier vorgestellt.

Nach einigem Suchen fanden wir den Freund, der uns zum Zelt-Testen eingeladen hatte. Er schaufelte emsig neben seinem Wohnwagen und schaffte Platz für den Aufbau der Neukonstruktion, die in zwei großen Pappkartons bereitlag. Ich drückte dem Schipper die mit brandneuen Schwielen bedeckte Hand und war froh, daß ich nicht zwei Stunden früher kam. Der Platz war inzwischen so weit freigeschaufelt, daß der schneebedeckte Boden nur noch festgestampft zu werden brauchte.

Ich erbot mich, das Zelt an Hand der beigelegten Aufbau-Anleitung allein mit meinem Sohn aufzubauen. Das fand unser Gastgeber sehr sportlich. Er zog sich lächelnd in seinen warmen Wohnwagen zurück und konnte durchs Fenster ein tragikomisches Schauspiel genießen. Schmidt und Sohn fuhren mit klammen Fingern und sinkender Hoffnung in den kleingedruckten Zeilen der Gebrauchsanweisung herum.

Der Aufbau eines Zeltes ist schon im Hochsommer eine Aufgabe, die stabile Männer zu Nervenbündeln werden läßt. Nun aber erst bei fast 20 Grad Kälte!

Wir versuchten, die im Schnee liegenden drei Dutzend verschieden langen Aluminiumstangen zu identifizieren. Laut Bauvorschrift sollten zunächst vier Längsfirststangen Nr. 1 und drei Querfirststangen Nr. 2 ausgelegt und daran vier Eckstützen mit den Ansatzstücken und zwei Mittelstützen befestigt werden.

Alle Stangen sahen sich zum Verwechseln ähnlich, was wir auch gründlich taten. Durch Zusammenstecken der eisigen Röhren entstanden unter unseren frostzitternden Händen mehrere sehr interessante abstrakte Kunstwerke, die jedoch mit einer Zeltform nicht das geringste zu tun hatten.

Unser Freund wollte seine Gäste nicht zum Gespött der zahlreichen Passanten werden lassen und kam heraus. Fünf Minuten später konnten wir mit einer Flasche Cognac das Richtfest feiern.

Nun mußten nur noch die «Häringe», in der Anleitung vornehm als «Zeltnadeln» bezeichnet, mittels eines Puppenhämmerchens in den Schnee geschlagen werden. Bei dieser Tätigkeit entwischten dem Herrn Sohn volksnahe Flüche, für die ich ihn zu jeder anderen Zeit streng zurechtgewiesen hätte. Wer jemals versucht hat, einen Nagel in Schnee zu schlagen, wird für meine Milde Verständnis haben.

Ein Petroleumofen wurde ins Zelt gestellt und verbreitete das, was in Zeltlerkreisen bereits als Wohnbehaglichkeit gilt. Wir bauten die Schlafstatt mit Luftmatratzen und Schlafsäcken auf. Dann schlug ich meinem Sohn vor, zum Abendessen ein gutes Gasthaus aufzusuchen. Das ging ihm aber gegen die Tiefkühlsportlerehre. Er fürchtete, durch Gasthausbesuch das Anrecht auf den «Blauen Schneestern» zu verlieren. Dieses auf den Anorak aufnähbare Emblem wird vom Deutschen Camping-Club als eine Art «Gefrierfleisch-Orden» allen Zeltsportlern verliehen, die an einem Winter-Camping teilnahmen.

Der rührige Klub gibt auch ein «Wertungsbuch für Zeltsportstander» heraus. In diesem Buch läßt sich der zeltbewußte Camper auf jedem Platz seine Anwesenheit bestätigen und bekommt dafür Wertungspunkte. Wenn man bedenkt, daß das Ruhpoldinger Wintertreffen trotz der Hundekälte mit nur zwei Punkten bewertet wurde, kann man sich vorstellen, wie sich ein Zeltsportstander-Anwärter sputen muß, um die dreißig Pflichtpunkte für den Ehrenwimpel einzuheimsen.

Mein Sohn war also scharf auf den «Blauen Schneestern» und machte sich auf, um im Campingladen einzukaufen: Brühwürfel, Milchpaste, Puddingpulver und was zeltende Naturfreunde sonst so alles zu sich zu nehmen pflegen.

Inzwischen war eine sternenklare Winternacht hereingebrochen und versprach weiteres Absinken der Temperatur. Ich machte einen Rundgang durch das Gelände.

Dieses Bild zeigt nur einen ganz kleinen Ausschnitt aus dem Ruhpoldinger Winter-Campingplatz mit seinen vierhundert «Rollenden Skihütten», in denen winterharte Freunde des Campings Erholung vom Getriebe der Großstadt und Heilung von Zivilisationsschäden suchten.

Durch unerwartet starken Schneefall gab es allerdings einige kleine Mißhelligkeiten, weil verspätet ankommende Rallye-Teilnehmer auf den ihnen reservierten Plätzen weit mehr vorfanden, als sie erhofft hatten.

Die hellerleuchteten Fenster der ambulanten Heimstätten sahen aus wie Aquarien, in denen Menschenköpfe herumschwammen. Dazwischen glitzerten verschneite Tannen und die Chromteile der Autos. Ein wahrhaft romantisches Bild.

Die Wohnwagen der von den Zeltsportlern etwas verächtlich «Salon-Camper» genannten Kongreßteilnehmer bildeten sozusagen das Villenviertel der Campingstadt. Durch den Schnee liefen kreuz und quer viele dicke Kabel, denn die Mobilheime waren samt und sonders an die lagereigene Stromversorgung angeschlossen. Kochherde, Heizung, Kühlschränke, Radios, ja sogar einige Fernsehapparate wurden so gespeist. Damen in Pelzmänteln führten wohnwagengerechte Zwergpudel und Kleinstpinscher spazieren.

Die Außenbezirke des Campingplatzes waren den Zelten vorbehalten, deren Zahl sich aber nicht mit dem gewaltigen Wohnwagenaufgebot messen konnte.

Viele Zeltbewohner hatten sich vor der klirrenden Kälte in den wohlbeheizten gemeinschaftlichen Aufenthaltsraum zurückgezogen. Dort tauschten die Kältesportler bei Bier und Cognac ihre Erfahrungen aus.

Ich setzte mich dazu und lernte ein junges Paar kennen, das vor einem Jahr seine Hochzeitsreise per Winter-Camping machte. Nun zelteten sie wieder und hatten ihr drei Monate altes Baby dabei. Wenn dieses Kind kein Polarforscher wird, dürfte die Umwelttheorie widerlegt sein.

Ein anderer Zeltler sagte: «Meine Frau wünscht sich ein Brüderchen, aber ich kann mich nicht entschließen ...»

Auch wenn man weiß, daß Frauen oft die seltsamsten Wünsche haben, klingt dieser Wunsch überraschend und schwer erfüllbar. Dem weiteren Gespräch war zu entnehmen, daß «Brüderchen» die Typenbezeichnung für ein Zwischending aus Wohnwagen und Zelt ist. Ein flacher Autoanhänger, aus dem man durch Herausklappen raffiniert konstruierter Wände ein Wochenendheim zaubern kann. Das Modell wird von Gewerbetreibenden bevorzugt, die einen Lieferwagen steuerlich absetzen können. Man erzählte mir, daß ein rheinischer Bestattungsunternehmer sein Brüderchen schwarz lackierte, in der Woche damit Kränze hinter seinen verblichenen Kunden herfährt und sonntags dasselbe Fahrzeug zu Campingfreuden benutzt. Ein Mehrzweckfahrzeug zwischen Tod und Leben.

Auf dem Heimweg zum Zelt beobachtete ich ein seltsames Phänomen: Jeder zweite Wohnwagen war dunkel. In den übrigen hellerleuchteten Mobilheimen saßen dicht gedrängt acht bis zehn Personen um Schnapsflaschen herum. Es ist ein hübscher Camperbrauch, sich abends zu einem Umtrunk auf engstem Raum zu besuchen. Hier liegt wahrscheinlich eine der Haupttriebfedern des Winter-Campings: In der drangvollen Enge des Wohnwagens findet der gehetzte Mensch von heute die fehlende und von allen Psychologen als lebenswichtig bezeichnete Nestwärme.

Auch ich fand Nestwärme, als ich den doppelten Reißverschluß des Spezial-Winterzeltes öffnete. Mein Sohn saß strahlend im Schein einer gasgespeisten Zeltlampe im festgestampften Schnee vor seinem Kocher und verfolgte mit Spannung das immer neue Wunder, wie aus einem sahnebonbongroßen Würfel aufschriftsgemäß «ein Liter kräftiger und wohlschmeckender Brühe» wird. Als Hauptgericht gab es angebrutzelte Wurstscheiben, die mir noch besser gemundet hätten, wenn nicht dauernd neu ankommende Wohnwagen-Gespanne zwei Zentimeter neben unserer Zeltwand vorbeigerumpelt wären. Immer wieder blieben mir Bissen im Hals stecken, weil ich fürchtete, beim Essen überfahren zu werden. Nach dem Dessert (Pudding, laut Tütenaufschrift, «mit Schneebesen anzurühren und kaltzustellen») brachte unser Campingfreund ein großes Thermometer, denn zu unseren Test-Aufgaben gehörte es, die Temperaturen im Zelt zu kontrollieren.

Draußen zeigte die Quecksilbersäule minus 23 Grad. Auf dem Boden des wohlgeheizten Zeltes maß ich plus 8 Grad, in Tischhöhe 15 und in der Gegend meines Kopfes 25 Grad.

Das Wärmegefälle bei einem stehenden Zeltsportler ist also beachtlich. Meine Messungen ergaben einwandfrei, daß für den Winter-Camper die Chancen gleichmäßiger Durchwärmung in der Horizontalen am günstigsten sind. Dieses Test-Ergebnis ist sicher für viele Naturfreunde beiderlei Geschlechts, die dem Zelten im Schnee noch skeptisch gegenüberstehen, ermutigend.

Nach dem Abendessen wurden wir zu einem Umtrunk im Nachbar-Wohnwagen eingeladen. Dort hatten wir die Ehre, dem Präsidenten des Camping-Clubs vorgestellt zu werden, einem älteren Herrn, der seine für ihn sehr interessanten Kriegserlebnisse in den Schneewüsten Rußlands erzählte. Er war damals Hitlers Zelt- und Paddelbootbevollmächtigter. Ich hätte dazu einiges sagen können, denn ich durfte seinerzeit viele Erfahrungen im Winter-Camping sammeln. Doch ich schluckte meine Bemerkungen runter, weil der Präsident am nächsten Morgen die Ehrenurkunde zum «Blauen Schneestern» unterzeichnen sollte, auf die mein Sohn so scharf war.

Der Camper-Chef erzählte, daß der oberste Kriegsherr in seiner «Gefreitendusseligkeit» den genialen Vorschlag seines Paddelbootbevollmächtigten ablehnte, alle Zweierkajaks für eine Invasion Englands zu beschlagnahmen. Da nahm ich, ein Gefreiter a. D., meinen Sohn und ging.

Als wir in unser Zelt schlüpfen wollten, lud uns auch die Wohnwagenfamilie zur Linken zu einem Cognac ein. Wir waren nicht die einzigen Gäste und durften einer angeregten, von vielen Anekdoten gewürzten Diskussion lauschen. Es ging um das Für und Wider der sogenannten Chemikalien-Klos. Es ist mir sehr peinlich, solche Dinge erwähnen zu müssen. Wenn man aber vom Camping spricht, kann man unmöglich daran vorübergehen. Die Natur fordert ihr Recht bei jedem Wetter. Dieses Problem läßt viele Noch-nicht-Camper abseits stehen, und da tut Aufklärung not. Ich kann sie hier schlecht geben, möchte aber versichern, daß viele ausgeruhte Köpfe sich um eine tragbare Lösung bemüht haben.

Die Dame des Hauses bzw. Wohnwagens bezeichnete das Camping als reinen Suchsport, denn irgend etwas suche man immer, sei es ein Gegenstand, sei es ein Plätzchen. Der Gatte rühmte dagegen die Abhärtung, die das Winter-Camping mit sich bringt. Ein Mobilheimbewohner wird nämlich einige hundertmal am Tag einem schlagartigen Temperaturunterschied von 50 Grad ausgesetzt: 30 Grad plus im Wagen, 20 Grad minus vor der Tür. Ein Gast, leidenschaftlicher Winter-Camper, sagte: «Ich ziehe das sportliche Übernachten dem stupiden Hotelschlaf vor!»

Was ein richtiger Sportler ist, der ist es auch im Schlaf.

Durch die polare Nacht stapften wir zu unserem Test-Zelt. Der Petroleumofen hatte etwas Geruch verbreitet, aber auch eine bescheidene Molligkeit. Mein Sohn wollte sofort in den Schlafsack schlüpfen. Aus erzieherischen Gründen zwang ich ihn, mit mir zusammen noch den etwa zweihundert Meter entfernten Waschraum aufzusuchen, ein Unternehmen, zu dem man bei der arktischen Kälte wirklich Mut brauchte. An der Waschraumtür hing ein Plakat mit der Schlagzeile «Feuer aus der Luft» und warb für einen Gasanzünder. Daneben warb ein anderes Plakat für den Gottesdienstbesuch.

Auf dem Rückweg beichtete ich dem Junior, daß ich im «Hotel Wittelsbach» vorsorglich ein warmes Zimmer mit allem Komfort reservieren ließ. Das Ansinnen, dort zu nächtigen, wies er jedoch weit von sich. Er schlief sofort bombenfest.

Ich hingegen wälzte mich schlaflos im Schlafsack. Der Futteralschlummer will gelernt sein. Dauernd schienen Leute durch das Zelt zu marschieren, denn neben meinem Kopfende verlief, wie schon angedeutet, die Hauptverkehrsader des Campingplatzes. Im Wohnwagen zur Rechten erzählte der Präsident immer noch lautstark Kriegserlebnisse, und aus dem Wohnwagen zur Linken drang fröhliches, vielstimmiges Kreischen. Akustisch saßen alle auf meinem Bettrand, sofern man eine «Liege» als Bett bezeichnen darf.

Wie ich mich auch drehte und wendete, irgendwo zog es immer kalt rein. Schließlich krabbelte ich aus dem Schlafsack, deckte ihn über mein Kind und schlich davon. Zurück blieb ein Zettel: «Bin im Hotel! Dein kalter Vater!»

Am nächsten Morgen wollte ich in aller Frühe unbemerkt ins Zelt schleichen. Mein Sohn saß bereits hinter der Scheibe des nachbarlichen Wohnwagens neben der Tochter des Hauses beim Frühstück mit weichem Ei und drei Sorten Marmelade. Den «Blauen Schneestern» hatte ihm die junge Dame bereits auf den Ärmel genäht. Er war für den Tiefkühlsport gewonnen.

Rundherum erwachte das Lager zu neuem Leben. Es war Sonntag. Geistliche Musik schepperte aus den Rundfunkgeräten, und ein Mann, der vergeblich seinen Wagen anzulassen versuchte, fluchte: «Verdammt, die Batterie hat ausgeorgelt!»

Wir dankten unserem Gastgeber und waren froh, daß wir das Zelt nicht wieder zusammenlegen mußten.

Auf dem Heimweg fuhren wir am Plakat einer bayerischen Bauernbühne vorbei, das zur Aufführung des deftigen Schwankes «Die Probenacht» einlud. Mein Sohn fragte, ob es sich dabei etwa um die Geschichte eines Zelt-Testes handele. Das mußte ich verneinen. Damit war sein Interesse an diesem sinnenfrohen Theaterstück erloschen.

Abschließend kann ich über das Winter-Camping nur das sagen, was ältere Damen in meiner norddeutschen Heimat zu äußern pflegen, wenn sie von schwerverständlichen und etwas abseitigen Vergnügungen hören: «Wer's mach, der mach's dschah wohl mögen.»

Vielleicht verdankt das Winter-Camping seine wachsende Beliebtheit der Tatsache, daß dieser Sport außerordentlich teuer ist. Wer arm ist, muß seinen Ski-Urlaub weiterhin im Hotel verbringen.

Inhalt

MANFRED SCHMIDT

Mit Frau Meier in die Wüste

Eine Auswahl verschmidtster Reportagen
Mit 32 Illustrationen des Autors

Der bekannte Zeichner, Feuilletonist und «Sachbearbeiter für groben Unfug» lädt hier zu einer Rundfahrt durch moderne Touristenzentren ein. Ob Salzburger Festspiele, Londoner Klubleben, Paris bei Nacht, FKK in Kampen, ob (mit Frau Meier) die Wüste – der Leser kann sicher sein, die Reiseziele Manfred Schmidts verspricht so vergnüglich kein anderer Reiseführer.

rororo Band 907

Frau Meier reist weiter

Eine neue Auswahl verschmidtster Reportagen
Mit 37 Illustrationen des Autors

Der Leser kann gewiß sein, daß er hier wieder eine Vergnügungsreise antritt. Für Manfred Schmidt ist es mehr ein Jagdausflug: Was er an Beute sucht und findet, sind die liebenswerten und komischen Schwächen seiner Mitmenschen, mögen sie von Delphi oder Monte Carlo von Paris oder dem Strand des Schwarzen Meeres Besitz ergreifen.

rororo Band 1081

422/9